# Mitteldeutsche Orgelhefte

Band I

## Zwischen Aufbau und Abbruch

## Stadt Landsberg und Umgebung

1. Auflage, 2025

Herausgeber: Mitteldeutsche Orgelforschung/Johannes Richter

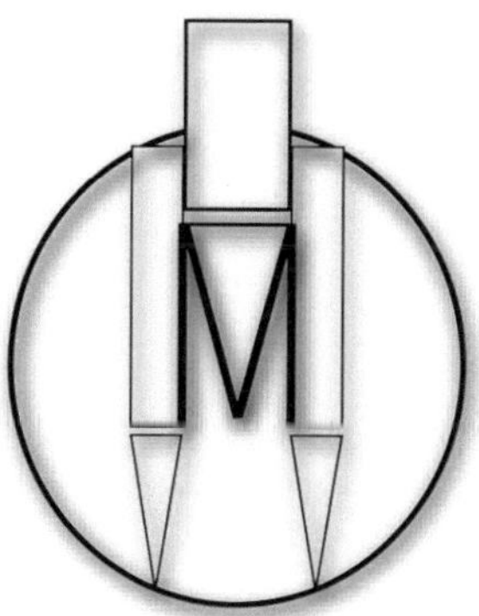

<u>Bilder Umschlagseite vorn (im Uhrzeigersinn):</u>
Dorfkirche Sietzsch 1987
Rühlmann-Orgel Op.361 in Klepzig um 1913
Dorfkirche Sietzsch (heutiger Zustand)
Rühlmann-Orgel Klepzig (heutiger Zustand)


<u>Bild Umschlagseite hinten:</u>
Rühlmann-Orgel Dorfkirche Zwebendorf

# Vorwort

Das vorliegende erste Heft aus der Reihe „Mitteldeutsche Orgelhefte" legt den Grundstein für eine dezidierte Betrachtung des Orgelbaues im Saalekreis. Im Vordergrund steht natürlich die Darstellung der zumeist weniger bekannten Instrumente - daneben soll aber auch die von Wilfried Stüven mit dem Buch „Orgel und Orgelbauer im halleschen Land vor 1800" begonnene Erfassung des historischen Saalekreises und seiner Instrumente auf den heutigen Saalekreis erweitert werden. Durch diese unglaublich umfang- und detailreiche Arbeit Stüvens war jenes Werk natürlich Hauptgrundlage für die „Orgelhefte". Jedes „Orgelheft" widmet sich einer bestimmten Region bzw. Gemeinde, deren vorhandene und - soweit bekannt - nicht mehr bestehende Instrumente in Text und Bild vorgestellt werden sollen. Die Auflistung erfolgt alphabetisch nach Ortschaften, danach folgt der Name des jeweiligen Ortsteiles. Grundlage für die Vorstellung der Instrumente bildete jeweils die eigene Sichtung des Autors vor Ort, welche die durch Quellen überlieferten Daten ergänzen und den Status quo abbilden soll. Aufgrund der Tatsache, dass jede Region bzw. Gemeinde nur eine begrenzte Anzahl an zu betrachtenden Orgeln aufweist, entschied sich der Autor gegen eine stichpunkthafte Auflistung der Rumpfdaten und für eine ausführliche textliche Darstellung, welche durch Bildmaterial Auf diese Weise kann den oftmals einer breiteren Öffentlichkeit nicht bekannten Instrumenten in angemessener Art gerecht werden. Der Autor bittet um Verständnis, wenn die Betrachtung der geographischen und lokalgeschichtlichen Gegebenheiten zugunsten einer umfangreicheren Darstellung der einzelnen Orgeln bzw. des Orgelbaues in einer bestimmten Gemeinde nur als Rahmen dargestellt wird. Neue Informationen fließen gegebenenfalls in eine Neuauflage ein.

Die Fotos entstammen - sofern nicht anders angegeben - dem privaten Archiv des Verfassers, der das Bildmaterial bei Sichtungen vor Ort zusammentrug. Die aktuelle Disposition wird durch das Zeichen ▶ markiert. Ein herzlicher Dank gilt selbstverständlich den jeweiligen Kirchengemeinden, die dem Autor bereitwillig die Türen der Kirchen öffneten und manch interessante Geschichte zu Kirche und Orgel beisteuern konnten, die leider aufgrund des beschränkten Platzes nicht alle aufgeführt werden können. Gleichsam möchte der Autor allen danken, die zur Entstehung dieses Heftes - in welcher Form auch immer - beigetragen und damit die mitteldeutsche Orgelforschung bereichert haben. Nicht zuletzt sei auch dem Verlag Breitkopf&Härtel gedankt, welcher dem Autor freundlich und unkompliziert die Verwendung einzelner Grafiken aus Wilfried Stüvens Buch in dieser Schrift gestattete.

# 1. Geographische Einordnung und Gliederung

Die heutige Gemeinde Landsberg (Saalekreis) grenzt nordöstlich an das Stadtgebiet der kreisfreien Stadt Halle (Saale), liegt damit im Städtedreieck zwischen Halle, Leipzig und Bitterfeld-Wolfen. Namensgebend für die Gemeinde ist die circa 17 Kilometer nordöstlich von Halle - unweit der Grenze von Sachsen-Anhalt zu Sachsen - gelegene Stadt Landsberg. Im Norden grenzt Landsberg an die Gemeinde Petersberg, im Süden schließt sich die Gemeinde Kabelsketal an. Zum heutigen Gemeindegebiet gehören insgesamt 11 Ortsteile, die aus 29 Ortschaften bestehen. Landsberg als Gemeinde hat eine Fläche von circa 125 km² und gehört dem Landkreis Saalekreis an.

# 2. Geschichtliches

Dem Besucher der namensgebenden Kernstadt dürfte der zentral im Ort gelegene Berg, der von einem aus der Ferne zunächst undefinierbaren Bauwerk bekrönt wird, ins Auge fallen. Jenes ist die letzte erhaltene Bausubstanz der einstigen Markgrafenburg Landsberg, welche an dieser Stelle stand, und ist als Doppelkapelle überaus bemerkenswert. Die ältesten Spuren einer Ansiedlung stammen bereits aus der Jungsteinzeit (circa 5000 - 2000 v. Chr.), Landsberg wurde als *civitas holm* 961 erstmals erwähnt. In der slawischen Zeit war die gesamte Region echt dicht besiedelt, worauf auch die slawisch stämmigen Ortsnamen mit der Endsilbe *-itz* hindeuten. Neben der Burg in Landsberg gab es einige Weitere im näheren Umkreis: Gütz war eine slawische Wasserburg mit Dorf, in Niemberg wurde 966 die *Nova urbs* (neue Burg) erwähnt, die außerhalb des heutigen Ortes stand. In Hohenthurm ist der namensgebende Wachturm als Teil eines Schutzwalles gegen die Slawen schon 936 nachgewiesen, er war Teil der Burg Hohenthurm. Auch in Oppin existierte eine Wasserburg mit den Namen *Upina*.[1]

Die Markgrafschaft Landsberg bestand zwischen 1156 und 1210 als eine Seitenlinie der Wettiner. Die Doppelkapelle blieb von der Zerstörung der Burg 1514/15 verschont. Das Stadtrecht erhielt das offene Landstädtchen erst 1579 durch die sächsischen Herzöge. Das heutige Stadtgebiet war bis 1815 durch die Grenze zwischen Brandenburg-Preußen (Erzstift Magdeburg bzw. Saalkreis) und dem kursächsischen Amt Delitzsch durchzogen. Nach dem Wiener Kongress wurde das Amt Delitzsch Preußen zugeordnet. 1950 wurde Landsberg im Zuge der ersten

---

[1] o.V.: Stadt Landsberg - Ortschaften - Oppin (URL: https://www.stadt-landsberg.de/de/oppin.html, abgerufen am 8. Januar 2025)

Kreisreform in der DDR dem Saalekreis zugeordnet, 1952 kamen alle heutigen Ortsteile im Rahmen der zweiten Kreisreform hinzu.

Die Orte der direkten Umgebung von der Kernstadt sind slawischen Ursprunges und wurden im 13. Jahrhundert erstmals erwähnt (Gütz, Gollma). Auch Braschwitz (erstmals 1144 erwähnt), Plößnitz (erstm. 1271 erwähnt), Dammendorf (1371), Sietzsch (1284), Zwebendorf (1349/59) und Schwerz (1205) sind vermutlich slawischen Ursprunges. In Hohenthurm und Peißen entstanden dagegen zu Beginn des 10. Jahrhunderts Schutzwälle *gegen* die Slawen, wobei Peißen selbst slawischen Ursprunges war. Einen sorbischen Ursprung hat hingegen das 952 erstmals erwähnte Oppin, ebenfalls das 1291 erstmals erwähnte Klepzig mit dem sorbischen Rundlingsdorf Kockwitz. Die Gegend um Landsberg ist nicht nur landwirtschaftlich, sondern auch industriell geprägt. Die Industrien lagerten sich an den beiden das Stadtgebiet durchkreuzenden Bahnlinien nach Bitterfeld und Delitzsch an. Unter Klepzig und Sietzsch lagert zudem Kohle, die bis 1990 im Tagebau „Hatzfeld" erschlossen werden sollte.[2] Dieses Vorhaben der DDR-Staatsführung kam nicht zustande, hatte jedoch Auswirkungen auf die Kirchen von Sietzsch und Klepzig, die beide nicht mehr gepflegt und genutzt wurden. Heute ist die Stadt Landsberg auch durch die vielen aktiven Dorfgemeinschaften geprägt.

# 3. Die Kirchen des Stadtgebietes

Auf dem heutigen Stadtgebiet der Stadt Landsberg existieren 16 Kirchengebäude, von denen 14 regelmäßig genutzt werden. Diese Kirchengebäude sind großteils romanischen Ursprunges.

Schon mindestens seit dem 10. Jahrhundert ist das heutige Stadtgebiet christlich geprägt, befand sich in weiten Teilen[3] im Besitz des Klosters Petersberg bei Halle. In Gollma wurde ab 1331 einer der vier Erzpriestersitze des Archidiakonates Halle eingerichtet. Die Kirchenbauten jener frühen Zeit sind selbstverständlich nicht mehr erhalten, handelte es sich bei Ihnen doch wohl vorrangig um kleinere, hölzerne Bauwerke. Im 11. und 12. Jahrhundert hingegen wurden vielerorts erste Steinkirchen errichtet, deren Bau unter anderem auf den Einfluss flämischer Siedler zurückzuführen ist (Braschwitz,

---

[2] o.V.: Stadt Landsberg - Ortschaften - Queis (URL: https://www.stadt-landsberg.de/de/queis.html, abgerufen am 8. Januar 2025)

[3] Zum Kloster Petersberg gehörte nicht nur Gollma, sondern auch Spickendorf, Sietzsch, Schwerz, Dammendorf, Peißen und einige weitere.

Spickendorf)[4]. Alle diese Kirchen vereinen zwei Merkmale: Ein massiver, im Westen quer zum Kirchenschiff stehender Turm ist ist über die gesamte Breite hinweg an ein kompaktes, rechteckiges Kirchenschiff angeschlossen. Einige wenige Kirchen besaßen zudem halbrunde Apsiden (Maschwitz, Hohenthurm, Landsberg). Diesen Baustil finden wir heute noch an den Dorfkirchen von Braschwitz, Eismannsdorf, Maschwitz, Spickendorf, Plößnitz, Zwebendorf wieder. Die meisten Kirchen des Stadtgebietes entsprechen dieser Bauform, nur drei (Gollma, Niemberg, Dammendorf) weichen grundlegend von diesem Stil ab.

*Beispiel für eine romanische Dorfkirche mit Westquerturm in Eismannsdorf. Die Segmentbogenfenster mit Backsteinrahmung sind eine spätere Zutat.*

*Unten: Gotische Malerei einer Kreuzigungsgruppe im Chorraum der Dorfkirche Sietzsch.*

Im Zeitalter der Gotik wurden die Baukörper erstmals überformt, in Sietzsch wurde etwa ein dreiseitiger Chorabschluss hinzugefügt. Die reich verzierten Sakramentshäuschen in Spickendorf und Sietzsch und die gotischen Schnitzaltäre in Niemberg, Plößnitz und der Doppelkapelle Landsberg künden vom künstlerischen Reichtum dieser Zeit. Besonders bemerkenswert sind die in Sietzsch freigelegten gotischen Malereien an den Wänden des Chores. Der dreißigjährige Krieg forderte vielerorts seinen Tribut, die Kirchen wurden zerstört und geplündert. Der Ort Eismannsdorf etwa war fast 10 Jahre wüst (also unbewohnt). Das späte 17. Jahrhundert war vom Wiederaufbau der Kirchen geprägt, während das frühe und mittlere 18. Jahrhundert vielerorts den Anstoß zum barocken Umbau oder zur Erweiterung gab. In dieser Zeit entstanden prachtvolle

---

[4] Auf flämische Gründungen weist das von jenen Siedlern gerne verwendete Patrozinium des Hl. Nikolaus von Myra, dem Schutzheiligen vor Wassersnöten, hin.

Kanzelaltäre mit einem reichen Figurenprogramm, daneben Patronatslogen und Ältestengestühle. Auch die kleinsten Gemeinden suchten sich diesem Stil anzuschließen, wie das äußerst schlichte, recht rustikal anmutenden Retabel in Eismannsdorf zeigt. Besondere Schätze aus dieser Zeit stellen die Malereien und Altäre in den Kirchen Sietzsch, Schwerz und Zwebendorf dar. Die Kirche in Gollma wurde komplett im barocken Stil wieder aufgebaut und zeigt das typische Bild einer protestantischen Predigtkirche mit doppelgeschossigen, umlaufenden Emporen.

Das 19. Jahrhundert brachte die Rückbesinnung und Nachempfindung historischer, vornehmlich gotischer und romanischer Formen mit sich. Es entstand der sogenannte Historismus, der die Formensprache der teilweise stark glorifizierten Epochen der Romanik und Gotik aufnahm, weiterentwickelte und in eigene Formen goss. Ein Beispiel für einen historistischen, neoromanischen Kirchenbau ist in Niemberg zu sehen. Auch der heutige Turmaufsatz in Gütz entspricht diesem Stil. Die Ausstattung der Barockzeit mit ihrer reichen Zier wurde beispielsweise in Braschwitz ausgebaut und durch ein schlicht gehaltenes, dunkles Gestühl ersetzt.

*Oben: Kanzelaltar und barocke Einrichtung der Dorfkirche Zwebendorf*

*Innenraum der Kirche Hohenthurm mit reicher Bemalung des 19. Jahrhunderts. Bildquelle: Kirchengemeinde Hohenthurm, Zusendung 2018*

Das mittlere und späte 20. Jahrhundert brachte erneut einen Umbruch in der Gestaltung der Räume - einige Kirchen wurden purifiziert, also durch Entfernung von Teilen der barocken oder historistischen Ausstattung schlichter gestaltet. Auch die historistische Farbfassung wurde teilweise übermalt, um eine größere Konzentration auf das Wort und damit den (vermeintlich hauptsächlichen) Inhalt des Gottesdienstes zu erreichen.

Die DDR-Zeit hatte in mehrerlei Hinsicht Einfluss nicht nur auf die Kirchen der Stadt Landsberg - jedoch ist dies hier sehr gut exemplarisch darstellbar. An den meisten Kirchen erfolgten die letzten Renovationen in den 1960er Jahren (beispielsweise 1964 in Sietzsch). Danach wurde die Lage jedoch zunehmend schwieriger: Zunehmende Kirchenfeindlichkeit der Staatsführung und ebenfalls steigende Materialknappheit führten dazu, dass die finanziellen Möglichkeiten der oftmals kleinen und schrumpfenden Ortsgemeinden - ohnehin schon einen schweren Stand habend - nicht mehr für einen Erhalt der Gebäude ausreichten. Der schrittweise Verfall begann in den 1970er Jahren: Die Dorfkirche Dammendorf wurde aufgegeben, Inventar und Dach entfernt. Zurück blieb eine Ruine. Auch die Dorfkirche Gütz wurde aufgeben und baupolizeilich gesperrt. In Sietzsch führte der schlechte, ungepflegte Zustand der Kirche dazu, dass in Risse des Mauerwerkes eindringendes Wasser in einem kalten Winter (1986) den Kirchturm durch Gefrieren regelrecht auseinander sprengten.

Durch die Sprengung der Mauerreste wurde die Vorhalle der Kirche zerstört. Bis 1990 sollte zudem ein unter dem Ort Klepzig lagerndes Braunkohlevorkommen als Tagebau „Hatzfeld" erschlossen werden, wofür im Ort ein Baustopp verhängt und der Abriss geplant wurde. Die

Kirche wurde nicht mehr genutzt und verfiel. Nicht zu vergessen sei auch die Tatsache, dass die (scheinbar) leer stehenden Kirchen Ziel von Plünderungen wurden - dieses Schicksal traf beispielsweise die Kirche zu Gütz. Der Fall der Mauer und die Wiedervereinigung änderten die Verhältnisse grundlegend: Die meisten Kirchen wurden auf Initiative der örtlichen Gemeinden restauriert bzw. gesichert. Im Stadtgebiet ist nur die Kirche Schwerz noch nicht instand gesetzt und mittlerweile nicht mehr nutzbar. Die Kirche in Dammendorf ist als restaurierte und gesicherte Ruine erhalten. Mittlerweile wird auch die lange fast ungenutzte Kirche Eismannsdorf wieder regelmäßig genutzt.

# 4. Die Orgeln des Stadtgebietes und ihre Geschichte

Das Stadtgebiet Landsberg enthält 14 erhaltene Orgeln jedweden Zustandes, auf die sich die folgenden Angaben beziehen. Von diesen 14 Instrumenten sind drei nicht spielbar: Die Orgeln in Eismannsdorf und Schwerz sind zwar ganz bzw. teilweise erhalten, aber nicht spielbar. Das in Klepzig befindliche Instrument ist nur noch in Teilen vorhanden. Die mechanische Spieltraktur in Verbindung mit der Schleiflade ist das vorherrschende Ladensystem. Nur fünf der Instrumente besitzen pneumatische Trakturen in Verbindung mit Kegelladen. Die kleinste Orgel befindet sich in Plößnitz und besitzt sechs klingenden Stimmen, die Größte erhaltene steht in Gollma und verfügt über 24 klingende Stimmen. Die Klepziger Kirche besaß einst das größte je auf dem Stadtgebiet befindliche Instrument: Die Ortsgemeinde leistete sich 31 Register inklusive einer Transmission auf zwei Manualen und Pedal. Der vorhandene Orgelbestand wurde samt und sonders von zwei Werkstätten (Rühlmann aus Zörbig und Wäldner aus Halle) geschaffen. Dabei entfallen auf August Ferdinand Wäldner (1817 - 1905) insgesamt fünf Instrumente, die restlichen neun auf die Firmendynastie Rühlmann aus Zörbig: Firmengründer Friedrich Wilhelm (1812 - 1878) schuf eine Orgel, die 1852 vollendet wurde und zugleich das älteste erhaltene Instrument des Stadtgebietes ist. Fünf Instrumente entstammen der lange währenden mittleren Schaffensperiode der Werkstatt unter Wilhelm Rühlmann senior (1842 - 1922), zwei der späten Periode unter Wilhelm Rühlmann junior (1882 - 1964). Zwei aus organologischer Sicht hochinteressante Orgeln sind leider nicht mehr erhalten: Dieses Schicksal betrifft die Instrumente von Dammendorf und Gütz, welche unter jeweils anderen Gesichtspunkten bemerkenswert gewesen sein dürften. Die Gützer Orgel von Gottlob Göttlich (+1788) und Johann Gottlieb Mauer (vor 1764 - nach 1816) stellte als ein nahe der Jahrhundertwende vom 18. zum 19. Jahrhundert entstandenes Instrument ein wichtiges Zeugnis einer Zeit dar, aus der nur wenige Orgelbauten überliefert sind. Eine Betrachtung des durch Rühlmann leicht überformten Orgelwerkes dürfte zudem auch unter dem denkmalpflegerischen Gesichtspunkt des Umganges mit historischen Orgeln in spätromantischer Zeit interessant gewesen sein. Das Dammendorfer Werk des Eilenburger Orgelbauers Nicolaus Schrickel (1820 - 1893) hingegen wäre wegen seiner heterogenen Zusammensetzung - nach Stüven soll das Hauptwerk anderer Herkunft als das Oberwerk gewesen sein - ein gesondert zu betrachtendes Instrument und ein bemerkenswerter Zeuge der Verbindung von Klangvorstellungen

unterschiedlicher Zeiten. Durch das Abhandenkommen beider Instrumente und das Fehlen weiterer Informationen beschränkt sich die Betrachtung hier auf den vorhandenen, durchweg romantisch bis spätromantisch-orgelbewegten Bestand.

Die Orgelgeschichte der Stadt Landsberg ist bis in die heutige Zeit durch regionale und in damaligen Maßstäben überregionale Orgelbauer geprägt - Löbejün als Wohnort des Orgelbauers Heinrich Tiensch war damals eine von Landsberg aus recht weite Reise, die etwa einen Tag in Anspruch genommen haben dürfte. Ortsansässige Orgelbauer sind bis dato ebensowenig überliefert wie Tätigkeiten ortsansässiger Tischler, Schulmeister oder Organisten. Bis zum späten 18. Jahrhundert waren es ausschließlich Orgelbauer aus den anhaltischen und preußischen Landen, welche die instrumentale Ausstattung der Kirchen und ihre Pflege zu bewerkstelligen hatten.

Den frühesten Hinweis auf eine Orgel im Gebiet der Stadt Landsberg erhalten wir aus der einstigen Erzpriesterkirche in Gollma: Mitten im dreißigjährigen Krieg wurde hier 1641 eine neue Orgel aufgestellt, welche die damals durchaus beachtliche Zahl von 10 Stimmen besessen haben soll. Ihr Erbauer ist nicht mehr zu ermitteln.[5] Nur circa 10 Jahre später wurde in der kleinen, damals zu Brachstedt gehörenden Filialkirche Eismannsdorf ebenfalls ein Instrument aufgestellt - beide Orte besaßen vermutlich schon vorher Orgeln, deren Existenz sich aber weder beweisen noch widerlegen lässt.[6] Auch in Klepzig ist die Orgel wohl schon im frühen 17. Jahrhundert bekannt gewesen: 1689 erhielt die Kirche eine neue Orgel, deren Vorgängerin ein recht hohes Alter gehabt haben muss, denn sie wird beim Neubau 1689 als „ziemlich ruineaux" beschrieben.[7]

Die meisten Kirchen erhielten im späten 17. oder frühen 18. Jahrhundert eine erste Orgel aus der in dieser Zeit im Saalekreis führenden Werkstatt des in Löbejün ansässigen Orgelbauers Heinrich Tiensch (1658 - 1738), der von Hause aus zunächst Drechslermeister.[8] Jener stattete insgesamt fünf Kirchen (Eismannsdorf, Klepzig, Niemberg, Oppin, Spickendorf) mit

---

[5] Da das Instrument als „neu stärcker Orgelwerck" beschrieben wird, ist mit Sicherheit anzunehmen, dass es schon vorher eine Orgel gegeben hat. Diese müsste nach Stüven schon im 16. Jahrhundert errichtet worden sein, wenn man nicht annehmen wolle, dass sie nur ein geringes Alter erreicht haben sollte. (Vgl. Stüven, S. 6). Allerdings wäre es auch möglich, dass die alte Orgel vor 1641 ein Opfer des dreißigjährigen Krieges geworden ist und um 1600 erbaut wurde.

[6] Die frühe Einführung der Orgel in einer sehr kleinen Dorfkirche - die als eine der ersten Kirchen auf dem Lande um Halle überhaupt eine Orgel besessen hat - ist sicher eng verknüpft mit einem Orgelwerk in Brachstedt, also der Mutterkirche. (Vgl. Stüven, Wilfried: Orgel und Orgelbauer im halleschen Land vor 1800, Breitkopf&Härtel-Verlag, Wiesbaden 1964, S. 7)

[7] Vgl. Stüven, ebd.

[8] Vgl. Stüven, S. 57

neuen Orgeln aus, war aber auch in Landsberg mit einer Orgelreparatur betraut. Das erste Hohenthurmer Orgelwerk ist vermutlich Georg Reichel (um 1628 - 1684) aus Halle (Saale) zuzuordnen, da Reichel als Organist der Georgenkirche Glaucha (heute Stadtteil Südliche Innenstadt von Halle) auf Johannes Leo folgte. Dieser übernahm stattdessen die Kirchenmusik in Hohenthurm. Der durch Stüven geschaffene Anknüpfungspunkt zwischen diesen beiden Musikern erschient dem Autor durchaus logisch. Wer die 1694 in Landsberg angeschaffte Orgel erbaut haben mag - es handelte sich vermutlich um ein bereits gebrauchtes Werk - ist nicht mehr zu ermitteln. Ebenfalls aus unbekannter Hand stammt das Plößnitzer Positiv, welches um 1750 entstand. Eine Verbindung zu Heinrich Tiensch ist nicht nachzuweisen. Gleiches gilt für Verbindungen zur Familie Zuberbier aus dem Anhaltischen, deren Einfluss noch zu besprechen sein wird. Wer die Orgel in Braschwitz schuf, deren Prospekt noch heute den Kirchenraum schmückt, ist nicht bekannt. Näheres zu diesem bislang gar nicht beleuchteten Sachverhalt ist dem entsprechenden Kapitel zu entnehmen. Die Kirchen in Landsberg blieben - abgesehen von den bereits beleuchteten Schäden zu DDR-Zeiten - weitestgehend unversehrt, nur die Kirche zu Gollma brannte 1734 nieder. Das durch Johannes Dietrich (1716 - 1758) aus Merseburg neu erbaute Instrument war mit seinen 19 Registern nicht nur das bislang größte Werk im heutigen Stadtgebiet, sondern markiert auch den Übergang in die hochbarocke Zeit: Ihrer Disposition nach kann sie durchaus als „Bach-Orgel" bezeichnet werden. Dieses Instrument zeigt bereits eine deutlichere Betonung der Äquallage bringt zudem - zumindest soweit es aus den sonstigen Quellen ersichtlich ist - erstmals Register wie den *Portun* (Bordun 16') oder die damals vor allem im thüringischen Raum beheimatete *Gambe* 8' nach Landsberg. Diese Register kannte der Erbauer Dietrich sicherlich zumindest aus der großen Domorgel seiner Heimatstadt Merseburg. Im 18. Jahrhundert prägten verschiedene Mitglieder der aus Anhalt-Dessau stammenden und bis ins 19. Jahrhundert als Orgelbauer nachweisbaren Familie Zuberbier den regionalen Orgelbau. Zunächst errichtete David Zuberbier (1682 - um 1743) eine mit 16 Registerzügen versehene Orgel in Peißen, wobei sein Sohn Johann Christoph (um 1713 - vor 1785) ihm zur Hand gegangen sein muss.[9] Johann Christoph und sein Vater David durften sich mit dem Titel *Hof Instrument- und Orgelmacher in Cöthen* und den damit verbundenen Vorrechten schmücken - ein Privileg, welches sie auch für Orgelbauten im Saalekreis empfahl. Johann Christoph Zuberbier wirkte auch in Sietzsch und Klepzig. Letztere Instrument wurde mit 800 Thalern

---

[9] Vgl. Stüven, S. 65

veranschlagt und sollte das Größte sein, dass er je im Saalekreis aufzustellen vermochte. Die Disposition dieses stattlichen, mit Prinzipal 8' versehenen Werkes ist leider nicht überliefert. Um die Mitte des 18. Jahrhunderts wirkte auch Gottlieb Beyer (um 1720 - 1769) aus Halle in der heutigen Stadt Landsberg. Er pflegte einige Instrumente in seiner Position als Hallescher Orgelpfleger. Nach dem Tode Gottlieb Beyers wurde Johann Christoph Zuberbier sein Nachfolger als hallescher Orgelpfleger und siedelte sich in der Saalestadt an. Johann Christoph durfte sich gar als für den preußischen Saalekreis privilegiert bezeichnen.[10] Er starb vermutlich 1775. Sein Mitarbeiter und Bruder Andreas Ludwig ging ihm zweimal (in Klepzig und Sietzsch) zur Hand und ließ sich dann in Dessau nieder. Johann Friedrich Leberecht Zuberbier (1751 - 1799) war der Sohn Johann Christophs und bewarb sich mehrfach um die halleschen Organistenämter am Dom, an St. Marien und nicht zuletzt an St. Ulrich. Hier wurde ihm übrigens Johann Gottfried Kurtze (+1844) vorgezogen... Johann Friedrich Leberecht stellt dem Orgelbau im späten 18. Jahrhundert ein interessantes Zeugnis aus, nämlich das Folgende: Er fand sich in „für einen Orgelbauer so nahrlosen Zeiten"[11] wieder. Wie kam es dazu? Die meisten Kirchen waren bereits mit funktionstüchtigen Orgeln versehen, die nur einer mehr oder weniger umfangreichen Instandhaltung bedurften. Die aus Frankreich herüberkommende Aufklärung und der siebenjährige Krieg lähmten die Bautätigkeit hinsichtlich neuer Orgeln. Johann Friedrich Leberecht entfaltete dennoch eine umfangreiche Tätigkeit im Saalekreis, die mit der Einreichung eines Kostenvoranschlages für die Kirche Gütz begann. Zwar unterlag er hier den aus Kursachsen kommenden Orgelbauern Gottlob Göttlich und Johann Gottlieb Mauer, aber sein Kostenvoranschlag mit der aufgestellten Disposition diente auch dem später durch Göttlich und Mauer eingereichten Anschlage zum Vorbild. In Niemberg war er mit einer Reparatur betraut, bemühte sich 1790 vergeblich darum, das Instrument seines Vaters in Klepzig zu reparieren und verstarb 1799, nachdem er vorher jährlich die Orgel in Schwerz gepflegt hatte. Das Wirken der sächsischen, also aus Sicht des preußischen Landsberg aus dem Nachbarland stammenden Orgelbauer Gebrüder Trampeli, Gottlob Göttlich und Johann Gottlieb Mauer blieb ein Einzelfall. Dennoch zeugt es in bemerkenswerter Art von den finanziellen Verhältnissen einer Ortsgemeinde, sich nicht etwa durch Orgelbauer aus den heimischen Landen ein neues Instrument errichten zu lassen, sondern im Vogtland

---

[10] Dieses Privileg bedeutete, dass innerhalb von 10 Jahren kein anderer Orgelbauer sich im Saalekreis ansiedeln durfte. - Vgl. Stüven, S. 70

[11] Vgl. Stüven, S. 73

beheimatete Handwerker herbeizuholen, die allerdings - so viel sei gesagt - damals quasi „Weltruhm" besaßen.

Der Orgelbau im frühen 19. Jahrhundert war neben Johann Gottfried Kurtze auch durch verschiedene Reparaturarbeiten anderer Orgelbauer geprägt, welche durch die Neuordnung der Länder nach dem Wiener Kongress 1815/16 nun Zugang zu den preußischen Orgeln erlangt hatten: Nicolaus Schrickel aus Eilenburg erbaute 1855 eine Orgel in Dammendorf, die aus alten Teilen zusammengesetzt war. Um 1830 trat dann Friedrich Wilhelm Wäldner (1785 - 1852) in der Landsberger Region auf. Er war zunächst mit Reparaturen in der Stadtkirche betraut, für deren Neubau er drei Kostenanschläge einreichte. In Klepzig baute er zwei neue Manualregister der 8'-Lage ein, auch das Zwebendorfer Instrument erhielt eine neue Gambe 8' aus seiner Werkstatt. Ein Neubau war Friedrich Wilhelm Wäldner im Stadtgebiet Landsberg nicht vergönnt, dafür kam sein Sohn August Ferdinand mit diversen Neubauten zum Zuge. Zunächst muss aber der Blick in das ehemals anhaltische Nachbarland nach Zörbig gelenkt werden: Der aus Schnellroda bei Querfurt stammende Orgelbauer Friedrich Wilhelm Rühlmann hatte sich in Zörbig niedergelassen und die Kirchen von Oppin und Braschwitz mit neuen Orgeln ausgestattet. Auch in Plößnitz war er vermutlich im Rahmen einer Reparatur tätig und überlieferte die damalige Disposition. Sein Sohn Wilhelm Rühlmann senior begründete den überregionalen Ruhm der Werkstatt aus Zörbig, aber die Erschließung des Landsberger Raumes sollte bis 1870 mit der als Op.11 in Spickendorf aufgestellten Orgel auf sich warten lassen. Damit brach Rühlmann die Vorherrschaft August Ferdinand Wäldners, der nun nur noch die Orgel in Landsberg erbauen sollte. Das Wachstum der Firma aus Zörbig ist an den im Stadtgebiet verzeichneten Opera deutlich: 1870 wurde Op.11 vollendet, 1880 wurde Op. 32 in Plößnitz aufgestellt. 1890 war mit Op.111 in Maschwitz bereits die Marke von 100 gefertigten Orgeln überschritten.[12] Die Eismannsdorfer Orgel trägt bereits die Opuszahl 358 (!), das 1929 vollendete Spickendorfer Orgelwerk ging als Op.438 in die Werkliste ein. Rühlmann baute nicht nur neue Orgeln, sondern er pflegte auch den Bestand, beispielsweise in Niemberg oder Gütz. Nachdem 1917 im ersten Weltkrieg an nahezu allen Instrumenten die Prospektpfeifen aus Zinn als Metallspende des Volkes zu Rüstungszwecken abgegeben werden mussten, war es die Zörbiger Werkstatt, welche die „Gesichter" der Orgeln wieder herstellte. Dies wurde in Form von neuen Prospektpfeifen aus dem preiswerten Ersatzwerkstoff Zink realisiert, der allerdings schon

---

[12] Die Maschwitzer Orgel hat dabei einen nicht zu verachtenden Stand in der Firmengeschichte: Rühlmann war bereits mit der als Op.95 geführten Orgel in Halle/Büschdorf eigentlich vollends zur Pneumatik übergegangen,

längst (vor allem bei Stiefeln und Bechern von Zungenstimmen sowie bei den großen Oktaven der Streicher) Eingang in den Orgelbau gefunden hatte.

Nach dem zweiten Weltkrieg entstanden im Stadtgebiet keine neuen Instrumente mehr, die alten wurden mehr oder weniger erhalten. Der Verfall der Kirchen schädigte auch einige Orgeln schwer - das Instrument in Schwerz stand schon in den 1980er Jahren zum Verkauf[13], da der Zustand der Kirche zusehens schlechter wurde und die Mittel zur Erhaltung nicht aufzutreiben waren. Immerhin hat diese Orgel bis in die heutige Zeit überlebt; ein Schicksal, das den Instrumenten in Dammendorf, Klepzig und Gütz nicht vergönnt war. Während in Klepzig noch der Prospekt und einige Pfeifen erhalten blieben, wurden die Dammendorfer und die Gützer Orgel vollständig abgebaut. Dem steht die Geschichte der Sietzscher Orgel entgegen: Sie wurde 1964 umfassend repariert und dabei (leider) auch in der Disposition verändert. Nach der politischen Wende 1989/90 waren es vor allem die Orgelbauer Thomas Hildebrandt (*1947), Thomas Schildt (*1970) und Thorsten Zimmermann (*1970) - alle aus Halle - welche die Instrumente instand setzten und heute auch in Pflege haben. Ein besonderes Projekt sicherte den Erhalt der Spickendorfer Orgel: Sie wurde unter Leitung des Halberstädter Orgelbauers Johannes Hüfken von Mitgliedern der Ortsgemeinde repariert und instand gesetzt.[14] Heute ist der Großteil der vorhandenen Instrumente gut spielbar und regelmäßig in Gottesdiensten und Konzerten zu hören.

## 4.1 Dispositionsweise und Klanggestalt

Die folgende Betrachtung bezieht sich selbstredend nur auf die überlieferten Dispositionen. Leider erhalten wir von den Orgeln des frühen und mittleren 17. Jahrhunderts aus Gollma (1641, 10 Register) und Landsberg keine Nachrichten über die genaue Zusammensetzung der Stimmen. Gerade eine Betrachtung dieser recht großen Instrumente wäre aus organologischer Hinsicht interessant. Gut dokumentiert dagegen sind die Instrumente der Löbejüner Werkstatt von Heinrich Tiensch.

Die Orgeln des Heinrich Tiensch zeigen allesamt eine recht schematische Disposition, die sich zunächst aus dem Registerfundus des Weitchores zu acht und vier Fuß bildet. Kleinere Instrumente erhalten eine 2'-

---

[13] Freundl. Mitteilung M. Rost (Stralsund), 2025 - Nach den Erinnerungen des Stralsunder Organisten scheiterte der Verkauf des in gutem Zustand befindlichen Instrumentes, da keiner eine romantische Orgel ankaufen wollte…

[14] Freundl. Mitteilung PA Landsberg, 2018

Prinzipalbasis, Größere über acht Registern dagegen Prinzipal 4' im Manual. Mit dieser Erweiterung ist auch die Verdoppelung der Äquallage durch eine Quintadena 8' verbunden. Diese Disposition wird je nach Forderung und Gegebenheit erweitert. Als Aliquoten finden sich stets eine Quinte 2 2/3' oder 1 1/3', dazu bei entsprechender Größe eine Terz 1 3/5' (→Niemberg). Obligatorisch sind stets eine Mixtur im Manual und die doppelte Besetzung des Pedals mit 16' und 8' - letzterer meist offen gebaut - erst bei „großen" Orgeln wie dem →Klepziger Instrument treten Zungenstimmen auf (hier Posaunenbaß 16'). Jener hatte eine besondere Bedeutung und wurde durch Tiensch als „majestätischer Posaunenbaß" etwa der nur neun Register umfassenden Orgel in Morl am Petersberg beigegeben.[15] Der Klang jener Orgeln wird wohl durch ein vom Leipziger Orgelmacher Johann Adolph Scheibe überliefertes Bonmot am Besten charakterisiert: Die Orgeln sollten „scharff und durchdringent und delicat"[16] (also farbenreich, kräftig und doch kammermusikalisch?) klingen. Dies zeigt sich in durchgeführten Chören bis zum 1' und im Verhältnis zu den sonstigen Manualregistern reicher Aliquotdisposition (vgl. →Niemberg oder →Hohenthurm). Die überkommenen Zuberbier-Dispositionen zeigen kaum einen Wandel. Lediglich die beiden Zungenregister in der Maschwitzer Orgel sind augenfällig, zumal die Manualtrompete nur im Diskant ausgebaut gewesen sein soll.[17] Dazu berichtet Johann Friedrich Leberecht Zuberbier, der letzte im Saalekreis ansässige Nachkomme der traditionsreichen Familie, dass seine Dispositions- und Mensurationspraxis noch auf der seines Großvaters David Zuberbier fuße.[18] Allerdings traten im Laufe der Zeit die Aliquoten etwas zurück - meist blieb nur Quinte oder Nassat 3' bestehen -, die Grundstimmen wurden etwas bevorzugt und neue Charakterstimmen eingeführt. Im Kostenvoranschlag Johann Friedrich Leberecht Zuberbiers für die neue Orgel in →Gütz, der auf 1779 datiert ist, tritt erstmals im Stadtgebiet Landsberg - zumindest, soweit wir es heute überblicken können - das Register *Flaute traversiére* in der Achtfußlage auf.[19]

---

[15] Stüven, S. 56

[16] Vgl. Stüven, S. 96

[17] Sie begann den Aufzeichnungen nach ab c', da Kurtze 1799 zwei Baßoktaven ergänzte. Damit handelte es sich um ein reines Diskantregister, welchem vermutlich die Führung der Melodie besonders zugedacht war.

[18] Vgl. Stüven, S. 76

[19] Vgl. Stüven, S. 73 - in Halle (Saale), also der nächstgelegenen großen Stadt, war die Traversflöte schon zu Beginn des 18. Jahrhunderts bekannt gewesen.

Auch Mauer und Göttlich übernahmen dieses Register in ihren Kostenvoranschlag von 1779. Während die Traversflöte in der Großstadt Halle schon Anfang des 18. Jahrhunderts bekannt gewesen ist, fand die in der Hoch- und Spätromantik obligatorische, im thüringischen Barock aber ebenfalls schon gern disponierte Gambe schon 1741 Eingang in den Registerfundus der Orgeln in und um Landsberg. Johannes Dietrich sah sie im Oberwerk seiner Orgel von →Gollma vor, wo sie auch eingebaut worden war. Die verwirklichte Gützer Disposition zeigt dagegen deutlich silbermannsche Einflüsse, beinhaltet sie doch bei nur 15 Stimmen ein Cornett, eine Manualtrompete und eine Pedaldisposition, wie sie auch von Gottfried Silbermann hätte stammen können: Gedeckter 16', offener 8' und Posaune 16'.

Jene ungewöhnliche Disposition soll hier gesondert betrachtet werden, ist sie doch im Saalekreis - und auch im Heimatland der Orgelbauer, soweit der Autor dies überblicken kann - ein Sonderfall: Im Hinblick auf die Labialregister ist das erste Manual durch Mixtur, Prinzipalchor und Waldflöte 1' als Hauptwerk konzipiert, während das zweite Manual mit seinen lieblichen Charakterstimmen der Äquallage (Gedackt und Flauto travers) sowie dem Gedackt 4' auf den ersten Blick deutlich zurück tritt. Das augenscheinliche Nebenwerk wird jedoch durch die brillant-kraftvollen Stimmen Cornett und Trompete derart aufgewertet, dass es durch den Unterschied in der Klangfarbe - das mitteldeutsche „Cornett" ist eher prinzipalisch und daher sehr durchdringend und kraftvoll - quasi den Charakter eines Solowerkes erhält. Dabei ist zu bemerken, dass das Cornett vermutlich nicht nur als Solostimme, sondern auch als Mixturersatz erdacht worden ist. Der ebenfalls in der Orgel disponierte Tremulant wirkt eben nicht auf dieses einerseits als leises, charaktervolles Begleitmanual und andererseits als kraftvolles Solowerk konzipierte *Ober Clavier*, sondern auf das *Unter Clavier* bzw. Hauptwerk, in dem beispielsweise die *Quintathön 8'* als lyrisch-klagende Solostimme disponiert wurde.

Ähnlich - wenn auch in kleinerem, bescheidenen Umfang - dürfte das Maschwitzer Zuberbier-Instrument gedacht sein, welches im Pedal eine Trompete 8' besaß, im Manual ein gleichnamiges Register ab c'. Dieses war also wohl als Diskant-Führungsstimme für den Choral gedacht. Diesem Charakter schuf die 1799 durch Johann Gottfried Kurtze durchgeführte Ergänzung um zwei Bassoktaven „Abhilfe" und zeigt damit die Zuwendung zur akkordischen, vertikalen Spielpraxis sowie zu den tieferen, gravitätischen Lagen.

Diffiziler ist die Betrachtung der Instrumente, die Kurtze selbst aufstellte - ihre Dispositionen verknüpfen „altes" und „neues" wohl vorrangig dadurch, dass Kurtze mit gebrauchten Orgeln mehr handelte, als dass er neue Instrumente schuf. Bei Kurtzes Instrumenten ist die doppelte Besetzung der Äquallage mit gedecktem und offenem Achtfuß des Weitchores (Gedackt und Flöte) sowie ein Prinzipal 4' und Quinte 2 2/3' obligatorisch. Der stets disponierte flötige Vierfuß variiert in der überlieferten Bezeichnung. Neben der Mixtur wurde mehrfach das 3fache Cornett disponiert. Neue Wegen zeigen sich mit dem in Niemberg angebrachten Vorschlag, einen 16'-Bordun zu disponieren. Bislang war dieses Register zweimanualigen Instrumenten mit circa 20 Stimmen vorbehalten und tauchte erstmals in der vertraglich vereinbarten Disposition des Johannes Dietrich in →Gollma 1741 als *Portun* auf und ist daneben 1793 an der Trampeli-Orgel in →Klepzig zu finden gewesen.[20] Im 19. Jahrhundert sollte der Bordun 16' dann für das Manualwerk einer kleineren bis mittelgroßen Orgel obligatorisch werden.[21] Das Pedal besetzte Kurtze traditionell mit zwei Registern (16' gedeckt und 8' offen als Violon oder Oktavbass).

Das beginnende 19. Jahrhundert weist vor allem jene Orgeln des Johann Gottfried Kurtze auf und ist damit der Beginn eines neuen Klangidioms: Die hochliegenden, bislang gern disponierten Stimmen wie Waldflöte 1', Aliquoten und Mixturen wurden als „schreiend"[22] bezeichnet und nach und nach immer stärker abgelehnt. Die „Fülle" wurde gesucht und dem ruhig-tragenden Klang der 16'- und 8'-Lage eine „kirchliche Würde" zugeschrieben. In Gütz etwa kritisierte Rühlmann 1909: „Der 8Fußton ist zuwenig vertreten gegen die Menge der 4Füße, 2' u. Mixturen."[23] Schon die Trampeli-Orgel von 1793 in Klepzig zeigt diesen Wandel im Klangideal, verfügt sie bei 27 Registern doch über neun Achtfußregister in den Manualen. Bereits ein Drittel der Gesamtstimmenzahl wurden also aus Äqualstimmen der Manualwerke gebildet! Hier zeigt sich auch ein weiterer Hinweis auf die kommende Romantik, der allerdings in anderen Regionen schon länger als Tradition gepflegt wurde: Im Pedal findet sich erstmals der im 19. Jahrhundert bei mittelgroßen Instrumenten obligatorische Violon 16' als kräftig streichende, Pedalstimme in nach Möglichkeit offener Bauweise. In diesem Instrument findet sich außer der Posaune 16' auch kein Melodieregister im Pedal, welches nur durch die

---

[20] Vermutlich besaß auch die überaus stattliche Zuberbier-Orgel in Hohenthurm einen 16' im Manual - zumindest ist eine solche Stimme bei den 22 Registerzügen, welche die Orgel gehabt haben soll und damit sicherlich hinsichtlich der Größe mit dem Gollmaer Instrument vergleichbar gewesen sein dürfte, als wahrscheinlich anzunehmen. Leider ist die Disposition des Instrumentes nicht erhalten

[21] In Sietzsch etwa besitzt die Orgel bei nur 10 klingenden Stimmen bereits den ab G beginnenden Bordun 16'.

[22] Vgl. Stüven, S. 80

[23] Zitiert nach Stüven, S. 173

Pedalkoppel einen Cantus firmus bewerkstelligen kann. Noch in Gollma disponierte Johannes Dietrich hier 16'-8'-4' labial und Posaune 16'. Die im Barock häufig auch kleineren Instrumenten[24] beigegebenen Zungenregister wurden reduziert bzw. „beseitigt" - ihr Klang wurde als *schnarrend* oder *plärrend*[25] und damit unpassend empfunden.[26] Lediglich die Posaune blieb in mittelgroßen Orgeln bestehen, wurde dann und wann durch eine Trompete ergänzt. Damit wurde eine Grundeigenschaft der Zungenstimmen eliminiert: Sie müssen nachgestimmt werden. Johann Gottfried Kurtze etwa beseitigte die Pedaltrompete des Maschwitzer Instrumentes und ersetzte sie gegen Oktave 4', da diese die Stimmung besser halten würde.

Eine simple Berechnung verdeutlicht nach Meinung des Autors die Hinwendung zur Äquallage im 19. Jahrhundert recht deutlich:[27]
Während die Tiensch-Orgel in Klepzig Ende des 17. Jahrhunderts bei 10 Manualregistern außerhalb der gemischten Stimmen eine durchschnittliche Fußzahl von 4,407 aufwies, liegt die durchschnittliche Fußzahl der 14 Manualregister in der 1779 vollendeten, gleichfalls 10 Manualregister aufweisenden Mauer/Göttlich-Orgel Gütz schon bei 5,36. Die schon 1743 vollendeten Dietrich-Orgel Gollma erreicht gar 5,69 Fuß im Durchschnitt der Manualregister. Die Trampeli-Orgel in Klepzig (1793) weist eine durchschnittliche Manualfußzahl von 5,73 auf, die völlig mixturen- und aliquotlose Plößnitzer Orgel 1880 besitzt eine Manualfußzahl von 6,0. Den Gipfelpunkt dieser Entwicklung bilden wohl die Rühlmann-Orgeln in Eismannsdorf und Klepzig, die eine durchschnittliche Fußzahl von 7,2 bzw. 6,89 aufweisen.
Friedrich Wilhelm Wäldner entledigte die Klepziger Trampeli-Orgel der Manual-Zungenstimmen und setzte eine Flöte 8' und eine Spezialität seiner Werkstatt, die Flachflöte 8' an ihre Stelle. Dieses Register baute er nicht nur in Klepzig ein, sondern stattete auch die Orgeln von Höhnstedt Unterfarnstädt und Ziegelroda damit aus. Die Flachflöte von Wäldner ist

---

[24] Das Maschwitzer Instrument besaß bei 11 Registern zwei Zungenstimmen, die 15 Register umfassende Orgel in Gütz erhielt ebenfalls zwei Zungenregister. Die im 19. Jahrhundert erbauten Instrumente im Stadtgebiet erhielten erst ab 24 Registern überhaupt eine Zungenstimme. Dabei wird aber sicherlich auch die handwerkliche Fähigkeit der jeweiligen Organisten bei Pflege, Instandhaltung und Stimmung der Zungenstimmen eine Rolle gespielt haben.

[25] Emil Heerwagen etwa bescheinigt den Zungenstimmen der Orgel in der Ulrichskirche zu Halle das „Erbübel" eines „unschönen u. plärrenden Tons". Diese Register stammten aus dem 18. Jahrhundert.

[26] In Klepzig etwa beseitigte Friedrich Wilhelm Wäldner 1843 beide Manualzungen zugunsten von Labialstimmen.

[27] Die Berechnung wurde wie folgt bewerkstelligt: Die Fußzahlen aller Manualregister *außer* der gemischten Stimmen - deren Fußzahl zu oft nicht überliefert ist - werden addiert und dann durch die Anzahl der Manualregister geteilt.

konischer Bauart und ähnelt im Klang dem Gemshorn. Friedrich Wilhelm Rühlmann, dessen Braschwitzer Orgel als eines von zwei erhaltenen Instrumenten seiner Schaffensperiode einen besonderen Wert hat, disponierte dieses Instrument als logische Fortführung der Orgeln eines Johann Gottfried Kurtze; Das Aliquotregister im Manual entfällt, stattdessen nimmt eine Gambe 8' seinen Platz ein. Der Prinzipalchor auf 4'-Basis enthält noch eine Mixtur auf hoher 1 1/3'-Basis, das Pedal behält die bewährte Besetzung bei. Die Dispositionspraxis änderte sich nun einschneidend: Waren im 18. Jahrhundert die Manuale noch weitgehend gleichberechtigt und nahezu partnerschaftlich verbunden, so war dies jetzt nur noch bei größeren Instrumenten über 20 Stimmen der Fall. Die zweimanualigen Instrumente - ob nun von Rühlmann oder von Wäldner - weisen bis zu einer Größe von 16 Registern alle eine ähnliche Disposition auf, die aus einem starken Hauptwerk auf 16'-Basis mit Prinzipalchor nebst Mixtur und einem zahlenmäßig und dynamisch deutlich zurückstehenden Nebenwerk mit Farb- bzw. Charakter- oder Begleitstimmen bestehen. Der bereits angesprochene Bordun 16' war von immanenter Wichtigkeit, wurde er doch etwa der nur 10 Stimmen umfassenden Orgel in Sietzsch beigegeben! Eine ebenfalls große Wichtigkeit wurde dem Principal 8' beigemessen - dieses Phänomen ist sehr gut an den beiden jeweils sechs Register umfassenden Dispositionen in Plößnitz sichtbar. Hatten bislang Orgeln oder Positive mit sechs Registern regulär eine Prinzipalbasis von zwei oder maximal vier Fuß, so findet sich 1880 nun Principal 8' an deren Statt. Neben Bordun 16' und Principal 8' befinden sich im Hauptwerk der Instrumente zwischen 1850 und 1890 noch zwei weitere Grundstimmen, nämlich eine offene Flöte - meist als Hohlflöte bezeichnet, die Doppelflöte 8' in Niemberg bildet eine Ausnahme - und eine (Viola di) Gamba 8'. Kleinere Instrumente wiesen nur eine einfach besetzte 4'-Lage auf, bei Größeren wurde neben Octave 4' auch ein Gedackt 4' disponiert. Die 2'-Lage dieser sprichwörtlichen Klangpyramide wird stets als Principal gebaut; die Waldflöte 2' in Plößnitz bildet hier eine Ausnahme. Um 1880 entfiel die 2'-Lage durch die tiefliegende Mixtur auf 2 2/3'-Basis bedingt auch manches Mal (Zwebendorf, Maschwitz), sodass auf den 4' direkt die Mixtur folgt. Das Nebenwerk enthält bei kleineren Instrumenten wie in Landsberg eine offene, enger mensurierte Flöte, dazu einen leisen Streicher in Gestalt des Salicional. Die 4'-Lage wird traditionell mit der aus Holz gebauten Flauto amabile 4', seltener einer Rohrflöte 4', besetzt. Größere Nebenwerke erhalten zunächst ein (Lieblich) Gedackt 8' (Hohenthurm) oder auch einen Geigenprincipal 8' (Niemberg). Die Besetzung des Nebenwerkes mit nur zwei Registern der Äquallage (Eismannsdorf) kann auch als *geteiltes Hauptwerk* bezeichnet werden: Um die Farbigkeit der Orgel und die klanglichen und spieltechnischen Möglichkeiten zu erhöhen, werden zwei eigentlich einem normal besetzten Hauptwerk zugehörige Stimmen[28] auf ein separates zweites Manual ausgelagert. Veritable Instrumente über 20 Register besitzen zwei durchaus ebenbürtige Manuale: In Gollma haben beide Manuale 16'-Basis sowie einen Prinzipalchor mit Mixtur. Dieser ist im zweiten Manual allerdings durch den schmaler menstruierten und obertonreicher klingenden Geigenprincipal 8' etwas weniger füllig und kraftvoll als der des Hauptwerkes. Die Klepziger Rühlmann-Orgel zeigt einen Wandel hin zum Orchestralen, finden sich doch hier ein Streicherchor mit Aeoline, Salicional, Vox coelestis 8'(Schwebung) und Fugara 4', dazu als höchstes Register im zweiten Manual ein Piccolo 2'. Die Aeoline findet erstmals 1913 in Klepzig Anwendung, das schwebende Streicherregister Vox coelestis baute Rühmann schon 1909 in die Gützer Orgel ein. Die Pedalbesetzungen jener hochromantischen Instrumente ähnelt einander sehr: Bis circa 13 Register wird das Pedal mit einem gedeckten 16' (Subbaß) und einem Principalbaß 8' besetzt, danach folgt als zusätzliches Register - ausreichend Raumhöhe vorausgesetzt - der Violon 16', bestehend aus offenen Holzpfeifen. Wird die Pedaldisposition noch vergrößert, folgt zunächst ein gedeckter 8' (Gedacktbass, Bassflöte) und/oder ein Cello 8' (Klepzig). Erst dann wird eine Posaune 16' beigegebenen, deren durchschlagende Bauweise in Gollma eine im ländlichen Raum um Halle recht seltene Art darstellt. Rühlmann etwa stattete seine Klepziger Orgel mit einer aufschlagenden Posaune 16' mit Holzstiefeln und -bechern in voller Länge aus. Nach der Posaune 16' wird das Pedal noch um Octave 4' (Klepzig, Landsberg) erweitert. Die durch Rühlmann in Sietzsch (1912) und Spickendorf (1929) disponierte, im Diskant überblasende Flûte harmonique 4' bildet eine Ausnahme in der „typischen" Disposition. Die beginnende Orgelbewegung nach dem ersten Weltkrieg markiert die Rückbesinnung auf die (vermeintlichen) Orgelklänge des Barocks und der Renaissance, denen man zunächst durch *alte* Registernamen (Sesquialtera, Schwiegelpfeife, Quintatön) für freilich noch romantisch mensurierte und intonierte Register nahezukommen suchte. Diese Strömung schlug sich zunächst in Instrumenten wie der 1925/26 erbauten Sauer-Orgel (nach einer Disposition von Michael Praetorius) im Löwengebäude Halle (Saale) nieder und erreichte die umliegenden Dörfer nur schleppend, zumal der nun federführende Wilhelm Rühlmann junior in Zörbig ein Anhänger der durch Großvater und Vater geschaffenen

---

[28] Wir nehmen in diesem Fall die „klassische" Hauptwerksbesetzung der Romantik, bestehend aus Prinzipal - offener Flöte - Gedackt - Streicher, an.

Klangtraditionen war und sich dem Neuen nur zögerlich und wenig bereitwillig öffnete.[29]

Interessanterweise entstand ausgerechnet in dieser Zeit das wohl einzige Schwellwerk im heutigen Stadtgebiet, welches in der Orgel von Oppin eingebaut wurde. In Spickendorf wurde als einziges *neues* Register eine Quintadena 8' disponiert, dafür aber zwei offene Flöten der 8'-Lage, eine wie in Eismannsdorf auf die Rauschquinte reduzierte Mixtur und als einziger Streicher eine Aeoline 8'. Das Instrument in Oppin erfuhr durch Prinzipal 4' und Sesquialtera 2fach eine deutliche Aufwertung des zweiten Manuales, welches nun nicht mehr nur Begleitwerk, sondern wieder Gegenspieler und Partner des Hauptwerkes wurde. Eine Steigerung dieses klanglichen Idioms ist im Rahmen der 1964 ausgeführten Arbeiten in Sietzsch sichtbar: Die spätromantische Orgel unterlag dem Versuch, sie mit bescheidenen Mitteln zu einem barock klingenden Instrument „aufzuwerten". Bemerkenswert ist, dass der Bordun 16' dabei belassen, aber Principal 8' durch Oktave 2' ersetzt wurde. Im zweiten Manual wurde eine in der sonstigen Disposition vollkommen zusammenhanglose Sifflöte 1' eingebaut, welche tatsächlich einen Fremdkörper darstellt. Dieses Instrument ist noch heute in diesem Zustand erhalten. Die meisten Orgeln im Stadtgebiet sind original erhalten und legen noch heute Zeugnis von der soliden Handwerkskunst ihrer Erbauer ab.

---

[29] Vgl. Falkenberg, Hans-Joachim: Zwischen Romantik und Orgelbewegung - Die Rühlmanns. Ein Beitrag zur Geschichte mitteldeutscher Orgelbaukunst 1842 - 1940. Orgelbau-Fachverlag Rensch, Lauffen 1995, S. 99

## 4.2 Technische Anlage

Bis ins 20. Jahrhundert blieb die mechanische Schleiflade das vorherrschende und allein angewandte Ladenprinzip im Stadtgebiet Landsberg. Von den ersten Orgeln bis zum als Op.111 bezeichneten Instrument Wilhelm Rühlmanns in Maschwitz erhielten alle Orgeln mechanische Schleifladen. Diese waren bis ins 19. Jahrhundert in C- und Cis-Seite geteilt (diatonische Teilung).

*Diatonisch in C- und Cis-Seite geteiltes Oberwerk in der Orgel von Gollma. Während die Pfeifen des hier sichtbaren Oberwerkes zur Mitte hin ansteigen, sind die beiden Windladen des Hauptwerkes nach außen hin ansteigend angelegt, da sich in der Mitte unter dem Oberwerk das Wellenbrett dieses Werkes und die Registertraktur des Hauptwerkes befindet.*

Erst in dieser Zeit setzte sich nach und nach die chromatische, also dem Verlauf der Klaviatur folgende Aufstellung des Pfeifenwerkes auf den mechanischen Schleifladen durch, wie sie etwa in Zwebendorf oder Schwerz vorzufinden ist. Die Pedalladen waren schon recht früh chromatisch gebaut (Gollma, Braschwitz). Die traditionelle Traktur verfügte über Wellenbretter. Im 19. Jahrhundert war August Ferdinand Wäldner der Erste, der in der Niemberger Orgel auf eine Wellenbrett-Traktur im Oberwerk der Orgel verzichtete. Rühlmann folgte mit einer durch Johann Friedrich Schulze inspirierten, wellenbrettlosen Strahlentraktur, die er zum Beispiel in der Schwerzer Orgel im Pedal anwandte, nach. Die Pneumatik hielt erst 1912 mit den Instrumenten in Sietzsch und Eismannsdorf Einzug in Landsberg. Diese pneumatisch traktierten Instrumente verfügen - wie auch die Orgeln in Klepzig, Spickendorf und Oppin - über Kegelladen in chromatischer Aufstellung.

Dieses Ladensystem wandte Rühlmann senior nach einer längeren Zeit der pneumatischen Kastenlade wieder an, da nach seiner Meinung vermutlich die Vorteile auf der Hand lagen: Die Kastenlade - von Orgelbauer Röver aus Hausneindorf erdacht und von Rühlmann in eigener Art weiter entwickelt - vereint alle mechanischen Teile im Inneren der Lade. Die beweglichen Teile liegen bei der Kegellade außerhalb der Lade, was im Verhältnis zur Kastenlade zur einer besseren Wartungsfreundlichkeit führt. Eine Sonderstellung nimmt die als Op.111 bezeichnete Orgel in Maschwitz ein: Als sie 1890 entstand, war Rühlmann eigentlich bereits zur pneumatischen Traktur übergegangen, die er beispielsweise schon bei Op. 95 im Jahr 1888 in Büschdorf bei Halle anwandte. Die Tatsache, dass er noch einmal - und wohl ein letztes Mal - auf die mechanische Traktur zurückgriff, weil sie vermutlich für kleinere Landgemeinden einfacher zu handhaben war, zeigt, dass der Orgelbauer durchaus die musikalischen und lokalen Gegebenheiten zu berücksichtigen wusste.

*Spickendorf: Chromatische Aufstellung der Pfeifen, dem Verlauf der Klaviatur folgend. Prospekt und Spieltisch befinden sich links, der Betrachter schaut von der rechten Seite in die Orgel. Von links: Hauptwerk - Stimmgang - zweites Manual - Pedal.*

Hinsichtlich der Koppelanlage ist zu berichten, dass sich im Laufe der Zeit bei mehrmanualigen Instrumenten die Anlage einer Pedalkoppel zum Hauptwerk und einer Manualkoppel bewährt und durchgesetzt hat. Dies hat wohl auch mit ganz praktischen Fragen der Trakturführung zu tun, aber auch mit musikalischen Notwendigkeiten. Die Koppeln wurden stets als Registerzüge angelegt, nur in Landsberg versuchte sich Wäldner mit der Anlage der Pedalkoppel als wechselwirkendem, wenngleich ergonomisch unpraktisch angebrachten Fußtritt an einer kleinen „Innovation". Erst die pneumatischen Instrumente Rühlmanns erhielten eine Pedalkoppel II/P und auch Oktavkoppeln.

Die Spieltische der meisten Instrumente sind im Falle der mechanischen Orgeln als verschließbare Spielschränke frontal am Gehäuse angebracht. Die pneumatischen Orgeln aus dem Hause Rühlmann besitzen einen mit Klappverdeck versehenen, ans Gehäuse angefügten Spieltisch. Nur die Eismannsdorfer Orgel erhielt durch platztechnische Überlegungen den Spieltisch an der Seite, was aber für einen guten visuellen Kontakt zum liturgischen Geschehen sorgt.

Bei den Schleifladen-Instrumenten von Rühlmann, Wäldner und erfahrungsgemäß auch bei jenen Orgeln der barocken Orgelbauer war eine beidseitige, symmetrische Anordnung der Registerzüge beiderseits des mit Notenpult versehenen Einsatzbrettes üblich. Diese Anordnung verfolgte eine absolute Symmetrie, welche bei Bedarf durch mit *Vacat* bezeichnete Registerzüge wie in Gollma oder Zwebendorf hergestellt wurde. Während bei Rühlmanns mechanischen Orgeln die Züge stets in Zweierreihen angeordnet sind, ordnete August Ferdinand Wäldner sie in jeweils einer langen Reihe an. Bei Bedarf wurden die untersten Züge nebeneinander angeordnet (Peißen, Hohenthurm, Landsberg). Die weißen Porzellanschilder waren zunächst in Kursivschrift bezeichnet (Braschwitz, Gollma), später wechselte man zur Fraktur (Niemberg, Landsberg). Die pneumatischen Orgeln aus dem Hause Rühlmann wiesen zunächst in einer horizontalen Reihe über dem obersten Manual angeordnete Schalter mit runden Registerschildern auf (Eismannsdorf, Klepzig, Sietzsch). Nach 1925 wechselte man zu weißen Registerwippen, behielt aber die bisher verwendeten Porzellanschilder bei (Oppin, Spickendorf). Die Bleiröhren der pneumatischen Trakturen wurden auf kürzestem Wege in ungeordnet erscheinenden Bündeln verlegt und nicht nach Art einer mechanischen Traktur geordnet, wie es etwa bei den frühen pneumatischen Orgeln eines Friedrich Ladegast der Fall ist.

Bis ins 19. Jahrhundert verwendete man - nicht nur auf dem Stadtgebiet, sondern in ganz Mitteldeutschland - Keilbälge zur Windversorgung der Instrumente. Erst Rühlmann brachte eine neue Art der Bälge ins Spiel, nämlich das sogenannte Magazin bzw. den Doppelfaltenmagazinbalg. Jener große Parallelfaltenbalg zeigt nicht nur imposante Ausmaße von zumeist über zwei Metern in der Länge, sondern verfügt auch über ein so ausreichendes Fassungsvermögen, dass er von einer Person durch die Schöpfer mit Wind gefüllt werden kann. Elektrische Gebläse kamen erst im 20. Jahrhundert auf.

## 4.3 Prospekt und Prospektgestaltung

Die Prospektgestaltung im Saalekreis bildete in der Barockzeit eine recht einheitliche, fünfteilige Form heraus. Diese bestand aus einer überhöhten Mittelachse, daran anschließenden Flachfeldern und zwei außen flankierenden Spitztürmen. Ein Beispiel für eine solche fünfteilige Anlage ist in einer alten Zeichnung aus Gollma erhalten und zeigt den Orgelprospekt der 1641 vollendeten Orgel. Er zeigt eine schematische dreiteilige Anlage, die dem Prospekt der Reichel-Orgel in der Marktkirche zu Halle zu ähneln scheint: Drei Pfeifenfelder sind zu erkennen, das Mittlere scheint ein Spitzturm zu sein. Florales Schleierwerk wird gern verwendet, auch seitliche Schnitzwangen sind traditionell vorhanden (Gütz). Ein expliziter Werkaufbau wie beim *Hamburger Prospekt* an der einmanualigen Gansen-Orgel in Krevese (Altmark) ist an den überkommenen Barockprospekten einmanualiger Orgeln der hiesigen Region (Bennstedt, Landgrafroda, Weißenschirmbach, Ziegelroda) nicht zu erkennen. Dieser war auch nicht notwendig, da das Pedal nicht in separaten Pfeifentürmen untergebracht war, sondern hinter dem Orgelprospekt aufgestellt wurde.  Der 1793 vollendete, nach wie vor erhaltene prachtvolle Klepziger Orgelprospekt zeigt zwei übereinander angeordnete Manualwerke, die von seitlichen Pfeifentürmen flankiert werden. Leider lässt das Gehäuse keine Aufschlüsse über die Aufstellung der Windladen in der Trampeli-Orgel zu. Auch die Prospektfront der Mauer-Orgel in Gütz (1779) zeigt eine fünfteilige Anlage, die allerdings nur aus einem halbrunden Mittelturm und seitlich abfallenden Harfenfeldern mit bekrönenden Voluten besteht. Harfenfelder zeigt auch der nur aus Flachfeldern bestehende Braschwitzer Prospekt, ebenso wie die Ende des 18. Jahrhunderts entstandene Landsberger Schaufront. Das 19. Jahrhundert brachte dann eine Fülle verschiedener, mehr oder weniger einfallsreicher Prospektvarianten[30] hervor, die manches Mal durch die Orgelbauer selbst entworfen wurden: Schlichte, nur aus rundbogigen Pfeifenfeldern bestehende Schaufronten (Plößnitz, Spickendorf), aufwändig mit mehreren vorspringenden Türmen versehene Prospekte (Hohenthurm, Peißen, Niemberg - letzterer wohl durch die Orgelprospekte im Berliner Raum inspiriert!) oder mit rundbogigen Flachfeldern versehene Schaufronten wie diejenige in Gollma, welche außerordentlich wohlproportioniert erscheint.

*Oben: Gollma, Orgel von 1641 auf dem „Schüler = Chor.“. Erkennbar sind drei Pfeifenfelder, dazu 12 Register-Züge. Eine Pedalklaviatur fehlt.*

*(Bildquelle: Stüven, Tafel III. S. 32f. - mit freundlicher Genehmigung des Verlages Breitkopf & Härtel verwendet)*

*Unten: Beispiel der klassischen fünfteiligen Prospektanlage anhand der Mocker-Orgel von Weißenschirmbach bei Querfurt.*

---

[30] Diese Varianten wurden auch gerne mehrfach verwendet - so sind die Prospekte von Hohenthurm und Peißen quasi identisch, der Prospekt der Orgel in Zwebendorf findet sich als quasi wörtliches Zitat noch einmal außerhalb der Stadt Landsberg in Schiepzig (Salzatal) und der Prospekt der Schwerzer Orgel taucht in Alberstedt (Gemeinde Farnstädt) nochmals auf….

Die Prospekte waren bis ins 19. Jahrhundert hinein mit klingenden Pfeifen versehen, wie beispielsweise die Tonbuchstaben in den Prospektrastern der Eismannsdorfer Orgel[31] zeigen. Rühlmann stellte seine pneumatischen Instrumente gern hinter vorhandene Prospekte, die er nicht wieder in das klangliche Gefüge einband, sie also stilllegte. So verfuhr er etwa in Eismannsdorf oder Sietzsch. Der Prospekt wurde zur bloßen Fassade und war kein integraler klanglicher Bestandteil der Orgel mehr. Heute zeigen sich die Orgeln vielfach in veränderten, schlichten Farbfassungen.

*Eismannsdorf: Tonbuchstaben der Prospektraster im Prospekt von Moritz Baumgarten. Die Beschriftung stammt womöglich aus der Hand Friedrich Wilhelm Rühlmanns, der die Orgel für Baumgarten aufstellte...*

---

[31] Diese Tonbuchstaben stammen noch von der durch Moritz Baumgarten (Merseburg/Zahna) errichteten Orgel und belegen zugleich, dass Rühlmann diesen Prospekt weiter verwendete.

# 5. Einzelportraits der Orgeln

## Braschwitz - St. Nikolaus

**Braschwitz**
Friedrich Wilhelm Rühlmann
Op.4, 1852
Mechanische Schleiflade
9 Register

Manual C - f'''
*Viola di Gamba 8'*
*Flauto traverso 8'*
*Gedackt 8'*
*Principal 4'*
*Flauto amabile 4'*
*Octave 2'*
*Mixtur 3fach*

Pedal C - d'
*Subbass 16'*
*Principalbass 8'*

Nebenzüge
*Pedalkoppel*
*Kalkant*
*Vacat*

Von allen im Kern romanischen Dorfkirchen im Gemeindegebiet Landsberg dürfte die Braschwitzer Dorfkirche (neben den Bauwerken in Plößnitz und Maschwitz) noch die ursprünglichste Gestalt aufweisen. Nur die Fenster wurden verändert. Die Kirche liegt auf einem malerischen, mit hohen Bäumen umgebenen Kirchhof direkt an der Bahnstrecke Halle - Magdeburg. Das Patrozinium deutet auf eine Kirchengründung durch flämische Siedler hin, bei denen der Hl. Nikolaus als Schutzpatron vor Wassergefahren ein beliebter Kirchenpatron war. Die heutige Kirche entstammt dem 12. Jahrhundert. 1642 erlitt die Kirche im dreißigjährigen Krieg Schäden. Ende des 17. Jahrhunderts wurde der Kirchturm neu aufgemauert und eine barocke Innenausstattung hinzugefügt, die wiederum 1890 im Rahmen einer historistischen Umgestaltung weichen musste. Um die Jahrtausendwende herum wurde das Kirchlein restauriert. Das Bauwerk ist noch heute als einschiffige Saalkirche mit Westquerturm und Rundbogenfenstern auf Nord- und Südseite sowie Segmentbogenfenstern links und rechts des Altares erhalten ist. Die schlichte, dunkle Innenausstattung zeigt historistische Formen. Bemerkenswert sind die beiden Altargemälde, die vermutlich ein Braschwitzer Kantor oder Pfarrer schuf. Vor 1850 besaß die Kirche den

Kirchenrechnungen zufolge keine Orgel.[32] Die heutige Prospektfront ist scheint allerdings spätbarocken Datums zu sein, wie die wohl im Zuge des Neubaus 1852 erfolgten Erweiterungen des Gehäuses hinter dem Prospekt links und rechts zeigen. Der Prospekt entstand also vermutlich Ende des 18. Jahrhunderts, worauf das florale Schleierwerk und die regional untypische Verwendung von geschwungenen, seitlichen Harfenfeldern hindeutet. Zudem sind am Obergehäuse nachträglich recht grob ausgesägte Anpassungen sichtbar, die auf eine Anpassung an den Standort in Braschwitz hindeuten.[33] Ortslehrer Hirsch trat in den 1840er Jahren energisch für den Bau einer neuen Orgel ein und erreichte 1846 den Abschluss eines Neubauvertrages - die Hälfte der Kosten sollte von Gemeindegliedern getragen werden.[34]

Das heute vorhandene Orgelwerk stammt aus der Werkstatt von Friedrich Wilhelm Rühlmann, dem Stammvater der Orgelbaufirma Rühlmann aus Zörbig. Er schuf hier seine vierte Orgel mit neun Registern auf einem Manual, Pedal und mechanischen Schleifladen. Nachdem die original erhaltene Orgel 1917 ihrer Prospektpfeifen beraubt wurde und diese 1921 durch Rühlmann in Gestalt von Zinkpfeifen ersetzt wurden, erfolgte in den 1970er Jahren die Auslagerung der beiden Flötenstimmen (Flauto traverso 8', Flauto amabile 4') auf den Kirchendachboden, denn beide Register waren stark von Holzwurm befallen. Leider wurden sie im Rahmen einer Arbeitsbeschaffungsmaßnahme entsorgt.[35] Thilo Lützkendorf (Merseburg) nahm 1985 kleinere Reparaturarbeiten vor.[36] 2002 wurde die Orgel instand gesetzt, 2016 dann durch Thorsten

---

[32] Vgl. Stüven, S. 159

[33] Angesichts der von der Regierung geäußerten Vorbehalte gegen Friedrich Wilhelm Rühlmann, dass er „nicht solide" baue, wäre es durchaus denkbar, dass das heute vorhandene Gehäuse nicht für Braschwitz bestimmt war, sondern aus einem anderen Ort quasi gebraucht erworben und für den Braschwitzer Raum angepasst wurde. Darauf deutet unter anderem der Verschlag der Pedalwindlade hin, die breiter als die Schaufront. In Schrenz stand als Op.6 eine ähnliche Orgel mit ähnlichem Prospekt, allerdings ist dort kein separates seitlich erweitertes Gehäuse für das Pedal erkennbar. Diese These eines gebrauchten Prospektes aus einer anderen Ortschaft erscheint dem Autor am Wahrscheinlichsten. Vielleicht stammte er aus →Oppin, wo F.W.Rühlmann nur kurz vorher tätig war?

[34] Vgl. Stüven, ebd. - Die Regierung wehrte sich gegen Rühlmann, der 1846 einen Kostenvoranschlag eingereicht hatte, und wollte den Auftrag an F.W./A.F. Wäldner vergeben. Dieses Ersuchen scheiterte.

[35] Vgl. Kunert, Daniel (Hrsg.): Orgel-Information - Das Portal der Königin - Orgeln (URL: https://www.orgel-information.de/Orgeln/b/bp-bt/Braschwitz_St_Nikolai.html, abgerufen am 10. Dezember 2024)

[36] Falkenberg, Hans Joachim: Zwischen Romantik und Orgelbewegung - Die Rühlmanns. Ein Beitrag zur Geschichte mitteldeutscher Orgelbaukunst 1842 - 1940. Orgelbau-Fachverlag Rensch, Lauffen 1995, S. 8

Zimmermann aus Halle fachgerecht restauriert.[37] Dabei wurden neue Zinn-Prospektpfeifen eingesetzt und die beiden vom Holzwurm beschädigten und später zerstörten Register rekonstruiert. Die Orgel ist in einem hervorragenden Zustand. Die Disposition der Orgel zeigt die frühe Romantik: Principal 8' wird durch zwei Flöten- und eine kräftige Streicherstimme ersetzt und die klangliche Vielfalt dadurch vergrößert. Die Vierfußlage ist doppelt vorhanden, eine noch auf 1 1/3' basierende Mixtur bildet eine schillernde Klangkrone. Der Prospekt ist vollständig mit den Pfeifen von Principal 4' besetzt. Die Registerzüge mit ihren gedrechselten, schwarzen Manubrien sind mit aufwändig in Kursivschrift beschrifteten Porzellanschildern versehen. Die Registerschilder sind nicht einheitlich, die Typografie von Principal 4' und Gambe 8' weicht deutlich ab.[38] Ein Firmenschild erhielt die Orgel nicht. Die Windlade des Manuals ist in C- und Cis-Seite geteilt, die Pedalwindlade hingegen bereits chromatisch. Beide Laden werden über Wellenbretter angesteuert. Der Magazinbalg entstammt dem frühen 20. oder späten 19. Jahrhundert. Unter diesem muss der Spieler vor Betreten der Empore hindurchgehen. Dieser Balg ist zudem mit zwei Schöpfern ausgestattet. Die Orgel in Braschwitz ist das älteste erhaltene Orgelwerk auf dem Gebiet der Stadt Landsberg und als frühes Instrument der Zörbiger Firmendynastie überaus wertvoll.

*Oben: Beachtliche Unterschiede in der Typografie auf den Registerschildern der Orgel in Braschwitz. Eine Erklärung für diese Unterschiede steht bislang noch aus.*

---

[37] Der Autor hatte selbst die Ehre, die restaurierte Orgel 2016 bei einem Gottesdienst noch vor der Abnahme der Orgel erstmals wieder zu spielen. Die durch Matthias Müller geäußerte Annahme, die Orgel wäre 2019 restauriert worden (vgl. Müller, Matthias: „14.09. Braschwitz" in: rühlmannorgel.de - Festival 2024. URL: https://www.xn--rhlmannorgel-dlb.de/14.09.-braschwitz.html, abgerufen am 28. April 2025), ist falsch.

[38] Auf den anderen Registerschildern heißt es etwa: *Flauto traverso 8 Fuß.*, dagegen aber *Principal 4. fuš* oder *Viola du Gam. 8. fuš.*

# Braschwitz-Plößnitz - St. Katharina

**Plößnitz, Positiv um 1750**

Erbauer unbekannt
Um 1750
Mechanische Schleiflade
6 Register

Manual
*Gedackt 8'*
*Gedackt 4'*
*Rohrflöte 4'*
*Prinzipal 4' [2'?]*
*Quinte 1 1/3'*
*Mixtur 3fach*

Nebenzüge
*Nicht überliefert*

Quelle: Stüven, S. 101

Anmerkung:
Stüven erwähnt Prinzipal 4',
allerdings wäre
untpyischerweise dann die
2'-Lage gar nicht besetzt
gewesen. Wir gehen wohl
richtig in der Annahme, dass
es sich beim Prinzipal um
ein 2'-Register gehandelt
haben müsste.

Die Plößnitzer Dorfkirche geht mit ihrem für die Region typischen, wuchtigen Westquerturm und dem daran angeschlossenen kleinen Kirchenschiff auf das 12. Jahrhundert zurück. Einstmals verehrte man in Plößnitz ein wundertätiges Marienbild: „Ehemals hat man dahin eine Walfahrt angestellet […]" berichtet Johann Christian von Dreyhaupt, der die Kirche mit dem Patrozinium der Hl. Katharina auf das Jahr 1505 datiert. Diese Datierung bezieht sich vermutlich aber eher auf einen größeren Umbau der Kirche, welche zwischen 1410 und 1430 einen wertvollen dreiflügligen, gotischen Schnitzaltar und in ähnlicher Zeit eine flache Holzdecke mit kunstvollen Schablonenmalereien erhielt.
Um 1750 scheint die Kirche noch keine Orgel besessen zu haben: Zumindest berichtet der Chronist - ansonsten sehr gründlich mit dem Hinweis auf eine Orgel in den Dorfkirchen um Halle - nichts dergleichen. 1786 wird ein Positiv mit sechs Stimmen erwähnt, dessen Erbauer die Chroniken nicht überliefern.[39] Es ist wohl auch dieses Instrument eines unbekannten Meisters, welches 1877 als desolat beschrieben wird: Es war wohl seit Jahren nicht mehr spielbar.[40] Friedrich Wilhelm Rühlmann, Stammvater der Zörbiger Werkstatt gleichen Namens, hatte das Positiv

---

[39] Vgl. Stüven, S. 197

[40] Vgl. Stüven, ebd.

1844 besichtigt und dabei die Disposition aufgezeichnet.[41] Eine neue Orgel wurde 1880 vollendet. Sie stammte aus dem circa 15 Kilometer entfernten Zörbig, gefertigt in der aufstrebenden Werkstatt von Orgelbaumeister Wilhelm Rühlmann senior. Das als Op.32 in der Werkliste geführte Instrument erhielt sechs klingende Stimmen auf einem Manual und Pedal, einen frontal am Gehäuse angebrachten Spieltisch mit Klappverdeck und einen schlichten Rundbogen-Prospekt mit drei Flachfeldern.

Nachdem 1917 die Prospektpfeifen im Rahmen der Metallkonfikation zu Rüstungszwecken abgegeben wurden, erhielt die Orgel in den 1920er Jahren ihr „Gesicht" in Form von aluminierten Zinkpfeifen zurück, welche die Erbauerwerkstatt einbaute. 1999 erfolgte eine Reparatur der Orgel, die Thomas Hildebrandt (Halle) ausführte.[42]

Das Instrument besitzt die Größe eines veritablen Kleiderschrankes, der in sich die hinterständige und ebenerdige chromatische Windlade für das Pedalregister und eine in C- und Cis-Seite geteilte Windlade für das Manualwerk vereint. Während das Manualwerk über ein Wellenbrett angespielt wird, erfolgt die Ansteuerung des Pedals über eine wellenbrettlose Strahlentraktur.[43] Der frontale Spieltisch, dessen Klappverdeck ein über die gesamte Breite des Verschlusses reichendes klappbares Notenpult besitzt, zeigt die Manubrien symmetrisch zu beiden Seiten der Klaviatur. Die Beschriftung der Registerschilder zeigt die gleiche Schriftart wie auf den Schildern von Rühlmanns Lehrmeister Friedrich Ladegast (Weißenfels). Ein nahezu identisches, nur unwesentlich älteres Instrument steht als Op.23 - allerdings mit einem Register mehr - in Sylbitz am Petersberg.

Die Disposition der Plößnitzer Orgel zeigt, wie Wilhelm Rühlmann hinsichtlich der Stimmenzusammenstellung auf die akustischen Gegebenheiten der Kirchenräume Rücksicht zu nehmen pflegte: Der Prinzipalchor ist nur in der Äquallage vertreten, da gerade in kleinen Räumen wie Plößnitz höherliegende Prinzipalregister bisweilen drückend oder klirrend scharf wirken können. Die Vierfußlage ist mit einem Gemshorn - klanglich zwischen Flöte und Principal liegend, etwas weicher und heller -, die Zweifußlage gar nur mit einem Flöten- und nicht

► **Rühlmann-Orgel**
Wilhelm Rühlmann senior
Op.32, 1880
Mechanische Schleiflade
6 Register

Manual C - f'''
*Principal 8'*
*Gedackt 8'*
*Salicional 8'*
*Gemshorn 4'*
*Waldflöte 2'*

Pedal C - d'
*Subbass 16'*

Nebenzüge
*Pedalkoppel*
*Kalkantenklingel*

---


[41] Vgl. Stüven, S. 101

[42] Mitteilung Pfarramt Hohenthurm, 2018

[43] Sie findet sich auch in den Instrumenten von Teicha, Kütten und Sylbitz, die ebenfalls mechanische Trakturen aufweisen.

mit einem Prinzipalregister besetzt.[44] Durch diesen Kunstgriff ist das Fundament der Klangpyramide (!) breit, kraftvoll und tragend, die Mittellage hell und nicht aufdringlich, die hohe Lage dagegen weich und leuchtend. Die Äquallage wird zudem durch einen sanften Streicher (Salicional 8' statt der kräftigeren Viola di Gamba, wie sie in etwa in Sylbitz am Petersberg wenig später disponiert wurde) und ein Gedackt vertreten. Das kleine Instrument ist in gutem Zustand und wird regelmäßig genutzt.

---

[44] In Sylbitz hingegen ist der romanische Kirchenraum mit Ausnahme der Empore und des Gestühls völlig schmucklos, sodass die akustischen Gegebenheiten in der Vier- und Zweifußlage die Disposition zweier Prinzipalregister erlauben.

# Hohenthurm - Martin-Luther-Kirche

**Hohenthurm, Orgelpositiv um 1660-80**

Vermutl. Georg Reichel
um 1660-80
Mechanische Schleiflade
7 Register

Manual
*Grobgedeckt 8' (von Holtz)*
*Kleingedeckt 4' (von Holtz)*
*Quinten 3' (ins Gesichte)*
*Principal 2' (Metall)*
*Octaven 1' (Metall)*
*Sesqu.altera*
*Posaunen 8' (von Blech)*

Nebenzüge
*Zimbelstern*
*Tremulant*
*Vogelsang*

Quelle: Stüven, S. 46

An den für die Ortschaft namensgebenden Rundturm im Zentrum von Hohenthurm quasi direkt angefügt liegt - für den Betrachter von Weitem kaum wahrnehmbar und dennoch ein Bauwerk von veritabler Größe - die Martin-Luther-Kirche. Ihr markanter Westquerturm mit romanischen Biforien und Eckquaderungen im Westen sowie die kleine, halbrunde Apsis weisen sie als Gründung im 12. oder 13. Jahrhundert aus. Das dazwischen stehende Kirchenschiff zeigt sich nach einem Umbau 1723/24 in barocker Gestalt mit einer 1856 geschaffenen, historistischen Innenausstattung. Nachdem aufgrund des schlechten baulichen Zustandes ab den 1970er Jahren keine Gottesdienste mehr stattfanden und sogar ein Abriss zur Disposition stand, wurde die Kirche glücklicherweise bis 1996 umfassend restauriert. Durch das Zusammenspiel der romanischen Apsis, welche auch heute noch den liturgischen Kern der Kirche bildet, dem barocken Kirchenschiff und der schlichten Ausstattung ist das Innere der Kirche sehr reizvoll.

Die Kirchenrechnungen bis 1659 zeigen keine Aufzeichnungen über Kalkantengelder, sodass davon auszugehen ist, dass die Kirche keine Orgel besaß.[45] Die Kirchenrechnungen sind erst ab 1687 wieder vorhanden und belegen die Auszahlung von Kalkantengeldern - die

---

[45] Vgl. Stüven, S. 175

▶**Wäldner-Orgel**
August Ferdinand Wäldner
1877
Mechanische Schleiflade
14 Register

I Hauptwerk C - f'''
*Bordun 16'*
*Principal 8'*
*Hohlflöte 8'*
*Viola di Gamba 8'*
*Octave 4'*
*Octave 2'*
*Mixtur 3fach*

II Hinterwerk C - f'''
*Gedackt 8'*
*Flauto traverso 8'*
*Salicional 8'*
*Flauto amabile 4'*

Pedal C - d'
*Subbass 16'*
*Violon 16'*
*Principalbass 8'*

Nebenzüge
*Manualkoppel*
*Pedalkoppel I/P*
*Kalkantenklingel*

vermutlich erste Orgel des Gotteshauses in Hohenthurm ist also auf die Zeit zwischen 1659/60 und 1687 zu datieren.

Als Erbauer dieses mit sieben klingenden Stimmen auf einem Manual (ohne Pedal) versehenen Instrumentes kommt vermutlich vorrangig der Hallesche Organist und Orgelbauer Georg Reichel in Betracht[46], der sich mit der 1663/64 gebauten und noch heute vorhandenen *Reichel-Orgel* über dem Altar der Marktkirche Halle ein die Zeiten überdauerndes Denkmal gesetzt hat. 1714 werden „[…] über 40 Neue Pfeiffen eingesezet […]"[47]. 1723/24 fiel der Entschluss zum Orgelbau, weshalb ein Zimmermann eine neue Empore einzubauen hatte, auf die in den Jahren 1724/25 eine neue Orgel gesetzt wurde. Ihr Gehäuse wurde von einem Bildhauer aus Delitzsch geschaffen, zudem wurde die Schaufront im Jahr 1725 noch mit vier Bildern versehen. Weder der Orgelbauer noch die Disposition des Werkes sind bekannt. Überliefert ist lediglich die Zahl der Registerzüge: 22 waren es an der Zahl, die darauf hindeuten, dass es sich bei der neuen Orgel um ein veritables Instrument handelte. „Große Hitze" führte 1727 zur Notwendigkeit einer ersten Reparatur, da Bälge und Windladen Risse bekommen hatten. Bis 1856 wurde die Orgel nunmehr nur instand gehalten. Im Jahr der großen Kirchenrenovierung wurde sie abgetragen, vermutlich repariert und danach wieder aufgestellt. 1877 entschloss man sich dann doch, das mittlerweile über 150 Jahre alte Instrument zu ersetzen. August Ferdinand Wäldner aus Halle lieferte eine neue Orgel mit 14 Registern auf zwei Manualen und Pedal, die in ihrem äußeren Erscheinungsbild (neoromanische Gestalt mit drei Türmen) der Orgel in der unweit westlich gelegenen Dorfkirche →Peißen frappierend gleicht.[48] Nachdem auch in Hohenthurm die zinnernen Prospektpfeifen 1917 für die Rüstungsindustrie „gespendet" werden mussten, verstummte das Instrument in den 1970er Jahren ganz. In den 80er Jahren wurde die Orgel mutwillig beschädigt, nach 1990 dann ausgelagert und gegen

---

[46] Vgl. Stüven, S.30. Georg Reichel folgte als Organist in Glaucha bei Halle auf Johannes Leo, der seinerseits das Organistenamt in Hohenthurm ausführte. Eventuell wurde das Positiv durch Georg Reichel erbaut und auf Leos Initiative in Hohenthurm aufgestellt. Sollte das Positiv tatsächlich von Reichel stammen, so müsste es um 1680, spätestens 1683/84 erbaut worden sein - 1684 starb Reichel im Alter von 56 Jahren.

[47] Vgl. Stüven, S. 175

[48] Das Wäldnersche Instrument in der Wenzelskirche →Peißen entstand 1868. Der Autor hält es durchaus für wahrscheinlich, dass diese Orgel der Hohenthurmer Gemeinde bekannt war und in Erscheinungsbild und Disposition Pate stand. Die Peißener Orgel besitzt 13, die Hohenthurmer Orgel 14 Stimmen. Wollte man also in Hohenthurm die Nachbargemeinde übertrumpfen? Ein ähnlicher Prospekt befindet sich übrigens, wenngleich von Wilhelm Rühlmann, in der Kirche von Dornstedt bei Teutschenthal.

Holzwurmbefall behandelt.[49] Seit 2010 sammelte die Ortsgemeinde Spenden für eine Restaurierung des wertvollen Instrumentes. 2014 konnten dann zwei Bauabschnitte des dreiteiligen Vorhabens realisiert und Hauptwerk sowie Pedalwerk wieder spielbar gemacht werden. Das Pfeifenwerk des zweiten Manuales blieb ausgelagert. Am 21. November 2014 erfolgte die Abnahme der Orgel, die nun wieder mit 10 der 14 Stimmen spielbar war.[50] Noch 2018 waren die Pfeifen des zweiten Manuales sowie die Manualkoppel nicht wieder eingebaut. Derzeit werden noch Spenden für eine Wiederherstellung des zweiten Manuales gesammelt.[51]

Die Orgel ist typisch für den damaligen, romantischen Landorgelbau: mechanische Schleifladen, Spielschrank, starkes Hauptwerk mit Prinzipalchor, fundamentales Pedal mit doppelter 16'-Besetzung und zahlenmäßig sowie klanglich stark zurückgenommenes Nebenwerk als Piano-Klavier. Die Windladen sind sämtlich in C- und Cis-Seite geteilt, zwischen Manual I und II befindet sich ein Stimmgang. Das Pedal bildet quasi die Rückwand der Orgel. Ebenfalls zeittypisch ist die Beschriftung der Registerschilder mit Frakturschrift.

---

[49] o.V./PA Hohenthurm: Orgelsanierung - Hurra unsere Orgel klingt wieder (URL: http://www.pfarramt-hohenthurm.de/hohenthurm-54126/orgelsanierung/210-hurra-unsere-orgel-klingt-wieder.html, abgerufen am 24. Dezember 2024)

[50] Mitteilung PA Hohenthurm, 2018

[51] Eigene Sichtung vor Ort J. Richter, 2018

# Landsberg - Stadtkirche St. Nikolai

**▶Landsberg, Wäldner-Orgel**
August Ferdinand Wäldner
1881
Mechanische Schleiflade
13 Register


I Hauptwerk C - f'''
*Bordun 16'*
*Principal 8'*
*Gedackt 8'*
*Viola di Gamba 8'*
*Principal 4'*
*Gedackt 4'*
*Octave 2'*
*Mixtur 3fach*

II Hinterwerk C - f'''
*Flauto trav. 8'*
*Salicional 8'*
*Flauto amabile 4'*

Pedal C - d'
*Subbaß 16'*
*Principalbaß 8'*

Nebenzüge
*Manualkoppel*
*Pedalkoppel (I/P)*
*Fußtritt Pedalkoppel*

Am Rande südwestlichen Rande des Kapellenberges thront die Stadtkirche St. Nikolai über dem Ort. Ihr Westquerturm deutet mit seinen romanischen Schallöffnungen darauf hin, dass er aus der Zeit um 1180 stammt. Ebenso wie die Kirche zu Hohenthurm besitzt die Landsberger Stadtkirche eine noch romanische halbrunde Apsis mit kleinem Rundbogenfenster, während das Kirchenschiff nach dem Stadtbrand 1666, bei dem auch die Kirche schwere Schäden erlitt, seine heutige Gestalt erhielt. Im Inneren ist vor allem die Kanzel mit Schalldeckel aus dem 17. Jahrhundert bemerkenswert.

Sollte die Kirche zu Landsberg zu Beginn des 17. Jahrhunderts schon eine Orgel besessen haben, so ist diese mit Sicherheit 1666 verbrannt.[52] Ab 1676 sammelte die Gemeinde für eine neue Orgel[53], die 1694 angeschafft werden konnte.[54] Eventuell handelte es sich dabei um ein bereits gebrauchtes Werk, denn schon 1702/03 wurde der Orgelbauer Heinrich Tiensch aus Oppin herbeigeholt, um die Orgel „des Baues wegen"[55]

---

[52] Vgl. Stüven, S. 181

[53] Vgl. Stüven, ebd.

[54] Vgl. Stüven, S. 181. Es wird berichtet, dass die „Bürgerschaft […] ein vollkommenes Orgelwerck" angeschafft hätte.

[55] Stüven, S. 49

abzutragen und später wieder aufzustellen. Diese Arbeiten weisen auf Bauarbeiten am Kirchenschiff hin. Dieses Instrument besaß der Überlieferung nach eine Balgkammer mit zwei Bälgen im Turm sowie 14 Registerzüge nebst einem Manual und Pedal.[56]

Eine 1717 ebenfalls durch Tiensch ausgeführte Reparatur der Orgel erfolgte zur Unzufriedenheit der Landsberger Gemeinde.[57] Deswegen 1719 reparierte der aus Merseburg stammende Johann Christoph Fleischer das Instrument und übernahm vermutlich auch in der folgenden Zeit die Pflege der Orgel.[58] Das Instrument wurde 1741 als Orgel mit einem Manual, Pedal und 14 Registerzügen bezeichnet. Knapp 30 Jahre später, im Jahr 1776, wurde das Orgelgehäuse erneuert. Der heutige Prospekt wurde vermutlich in dieser Zeit geschaffen.[59] Das heutige, rokoko-klassizistisch anmutende Erscheinungsbild findet sich zwar bei den Orgeln Friedrich Wilhelms, nicht aber bei den Orgeln August Ferdinand Wäldners, dessen Prospekte ausnahmslos dem Historismus verpflichtet waren. 1828 wird über die „klägliche Beschaffenheit" des Werkes berichtet.[60] Vermutlich wegen dieser „kläglichen Beschaffenheit" hatte Friedrich Wilhelm Wäldner schon 1827 drei Kostenvoranschläge für eine neue Orgel eingereicht, die jedoch scheinbar keine größere Beachtung fanden. Immerhin durfte er 1838/39 eine größere Reparatur ausführen, nachdem Johann Carl Friedrich Lochmann (Delitzsch) die 1836 gänzlich unbrauchbare schon einmal reparieren sollte[61] und durch die Gemeinde ein Neubau aus seiner Werkstatt erwogen wurde.[62]

1881 errichtete August Ferdinand Wäldner aus Halle eine neue Orgel mit zwei Manualen und 13 Registern hinter dem vorhandenen Prospekt, dessen Schleierbretter vermutlich im Zuge dieses Neubaus entfernt

---

[56] Vgl. Stüven, S. 181 - Legt man die in dieser Zeit gängigen Nebenzüge (Tremulant, Stern, Kalkantenklingel) zugrunde, so kann das Instrument bei 14 Zügen höchstens 11 Register gehabt und eine ähnliche Disposition wie die Orgel von Niemberg besessen haben.

[57] Vgl. Stüven, S. 49. - Man warf Tiensch vor, die Orgel nicht richtig gestimmt zu haben, dafür aber 10 Taler verlangt und auf einen folgenden Brief nicht reagiert zu haben.

[58] Vgl. Hackel, Wolfram/Pape, Uwe: Lexikon norddeutscher Orgelbauer Band 3 - Sachsen-Anhalt und Umgebung. Pape-Verlag Berlin, 2015, S. 146. Hier wird gleichzeitig der Abschluss eines Pflegevertrages genannt.

[59] Stüven erwähnt zwar nur eine farbliche Erneuerung des Prospektes, dennoch müsste der Prospekt aus dieser Zeit stammen. Auch Wünsche beschreibt ihn als „spätbarock",

[60] Vgl. Stüven, S. 181.

[61] Wäldner kam deshalb zum Zuge, weil Lochmann, dem der Auftrag zur Reparatur übergeben wurde, 1838 verstarb.

[62] Vgl. Stüven, ebd.

*Koppeltritt der Landsberger Orgel an der linken Seite des Spieltisches über dem Pedal. Der Leser beachte dazu auch das Foto des Spieltisches unten.*

wurden. Auch die Landsberger Orgel zeigte wie viele andere Orgeln aus der halleschen Werkstatt das Prinzip des *geteilten Hauptwerkes*. Register wie die offene Flöte 8', ein leiser Streicher und eine leise Flöte wurden in ein separates Manual ausgelagert, um die klangliche Vielfalt zu erhöhen. Das erste Manual (Hauptwerk) wird dabei durch den Prinzipalchor gebildet, das zweite Manual fungiert als Echo-Manual. Eine Besonderheit ist die bei August Ferdinand Wäldner singuläre Anlage der Pedalkoppel als mit dem Registerzug wechselwirkender Fußtritt links am Spieltisch. Die 1917 abgegebenen Prospektpfeifen wurden in den 1920er Jahren durch Zinkpfeifen aus der Zörbiger Werkstatt Rühlmann ersetzt, 1990 wurde das Instrument durch die Orgelwerkstatt Kristian Wegscheider (Dresden) umfassend restauriert[63] und ist sehr gut spielbar.

Die Manualwerke stehen hintereinander auf chromatischen Schleifladen mit Wellenbrettern. Auch das Pedalwerk steht mit seinen zwei Registern auf chromatischen Schleifladen mit Wellenbrett-Trakturen. Das Oberwerk ist der Position innerhalb der Orgel nach ein Hinterwerk, denn es steht auf einer durchschobenen Windlade hinter dem Pfeifenwerk des Hauptwerkes vor dem Stimmgang zum Pedal.

Auch die Landsberger Orgel erhielt beidseitig symmetrisch angeordnete Registerzüge mit in Frakturschrift bezeichneten Registerschildern aus weißem Porzellan.

---

# Landsberg-Gollma - Dorfkirche

**Gollma, Dietrich-Orgel
(Nach Kontrakt)**
Johannes Dietrich (Merseburg)
1741
Mechanische Schleiflade
19 Register

I Haupt-Manual C,D-c'''
*Portun 16'*
*Principal 8'*
*Grob-Gedackt 8'*
*Quintadehn oder Viol 8'*
*Octav 4'*
*Klein-Gedackt 4'*
*Quinta 3'*
*Spitz-Fleut 2'*
*Mixtur 4fach 2'*

II Ober-Werck C,D-c'''
*Viol de Gamb 8'*
*Mittel-Gedackt 8'*
*Principal 4'*
*Fleut offen 4'*
*Octav 2'*
*Suffleut 1'*

Bedal [sic] C,D-c'
*Sub Baß 16'*
*Principal Baß 8'*
*Octav Baß 4'*
*Posaunen Baß 16'*

Nebenzüge
*Tremulant*
*Cymbel Stern*
*Ventil zu jeden Clavier*

Quelle: Stüven, S. 97ff.

Die weitestgehend barocke Dorfkirche im Zentrum der zu Landsberg gehörenden Ortschaft Gollma ist durch die von einer Laterne bekrönten welschen Haube weithin sichtbar. Eine erste Kirche wurde 1257 in Gollma erwähnt. Für die kirchliche Entwicklung war der ab 1331 in Gollma installierte Erzpriestersitz[64] von großer Bedeutung. Der heute noch vorhandene, wenngleich barock überformte dreiseitige Chorraum im Osten des Gotteshauses wurde 1471 geschaffen. Durch einen Brand der Ortschaft erlitt die Kirche 1734 schwere Schäden, die zum Neubau mit Ausnahme des in den Grundfesten noch vorhandenen Chores führten. 1741 war das neue Bauwerk als protestantische Predigtkirche mit doppelgeschossiger Empore sowie Westturm auf quadratischem Grundriss vollendet. Der dreiseitige Chor wurde nebst Strebepfeilern in das neue Bauwerk integriert, welches 1897 fünf Altarfenster aus Buntglas erhielt. 2002 wurde die vier Jahre während Sanierung der Dorfkirche vollendet, die Chorfenster wurden 2012 restauriert.

---

[64] o.V.: Stadt Landsberg - Ortschaften - Landsberg (URL: https://www.stadt-landsberg.de/de/landsberg.html, abgerufen am 10. Dezember 2024)

▶**Wäldner-Orgel**
August Ferdinand Wäldner
1865
Mechanische Schleiflade
24 Register

I Hauptwerk C - f'''
*Bordun 16'*
*Principal 8'*
*Hohlflöte 8'*
*Viola di Gamba 8'*
*Octave 4'*
*Gedackt 4'*
*Quinte 2 2/3'*
*Octave 2'*
*Mixtur 4fach*
*Cornett 3fach (ab a°)*

II Oberwerk C - f'''
*Liebl. Gedackt 16'*
*Geigenprincipal 8'*
*Gedackt 8'*
*Flauto traverso 8'*
*Principal 4'*
*Flauto amabile 4'*
*Octave 2'*
*Mixtur 3fach*

Pedal C - d'
*Subbass 16'*
*Violon 16'*
*Principalbass 8'*
*Gedacktbass 8'*
*Octavbass 4'*
*Posaune 16' (durchschl.)*

Nebenzüge
*Manualkoppel*
*Pedalkoppel I/P*
*Kalkantenklingel*
*Vacat*

Das erste bekannte[65] Orgelwerk in Gollma wird 1641 mit 10 Registern auf einem Manual und Pedal (?)[66] erwähnt. Diese Orgel, mitten im dreißigjährigen Kriege erbaut, wurde 1734 beim Kirchenbrand zerstört. Es blieben nur 100 Zinnpfeifen - allesamt schwer beschädigt und unbrauchbar - erhalten.[67] Als die Kirche wieder instand gesetzt wurde, reichte Orgelbauer Johann Scheibe aus Leipzig 1738 zwei Kostenvoranschläge ein. Trotz seiner Bemühungen kam Scheibe nicht zum Zuge, stattdessen errichtete der aus Merseburg stammende Johannes Dietrich von 1741 bis 1743 ein neues Orgelwerk mit mechanischen Schleifladen, 19 Registern und zwei Manualen nebst Pedal.[68] Die Manuale wiesen den zeittypischen Umfang von C,D - c''' (ohne Cis) im Manual und C,D - c' (ohne Cis) im Pedal auf. Dietrich sollte nach dem 1741 geschlossenen Vertrag, der ihn als „Orgelbauer und Mechanicus" ausweist, die 100 verbliebenen Pfeifen der alten Orgel erhalten, dazu das Gehäuse und „drei bis vier Register" schon 1742 vollenden, damit „solche Register sogleich zum Gottes-Dienst gebrauchet werden können."[69] Dafür erhielt der von seinem Zunftgenossen Scheibe als „Tischler" bezeichnete Orgelbauer 522 Thaler. Ab 1768 pflegte Gottlieb Beyer aus Halle die Orgel, 1788 nahm der aus Düben stammende Johann Christian August Meyer eine Balgreparatur vor, verstarb aber innerhalb von vier Tagen.[70] 1793 reichte Johann Gottlob Trampeli einen Reparaturanschlag ein. Trampeli - damals weltberühmt und gerade in Klepzig mit einem

---

[65] Es wurde in diesem Jahr „ein neu stärcker Orgelwerck in der Kirche verschafft" (zitiert nach Stüven, S. 171) - Deutet dies vielleicht darauf hin, dass es vorher ein altes, nach dem neuen Empfinden zu schwaches Instrument gab? Dies wird nach Meinung des Autors durch die Attribute „neu" und „stärcker" deutlich - die Steigerungsform muss sicherlich begründet sein. Dies würde bedeuten, dass das Gollmaer Instrument vor 1641 das Älteste im Stadtgebiet Landsberg, vermutlich gar eine der ältesten Orgeln auf dem Lande im Saalekreis wäre. Es müsste schon vor 1600 erbaut worden sein (Vgl. Stüven, S. 6).

[66] Auf der unter Punkt 4.3 „Prospekt und Prospektgestaltung" abgedruckten Zeichnung der alten Orgel von 1641 in Gollma ist zwar die Manualklaviatur aufgezeichnet, nicht aber eine Pedalklaviatur. Eventuell besaß diese Orgel also kein Pedal.

[67] Vgl. Stüven, S. 96

[68] Diese 19 Register wichen in ihrer Zusammenstellung hinsichtlich des obenstehenden Kostenvoranschlages und seiner Stimmenabgabe ab: Quintadena 8' stand statt Gambe 8' im Hauptwerk, statt Grobgedackt 8' stand hier eine Flöte 8', Kleingedackt wurde durch Sequialter 2fach ersetzt. Im Oberwerk wurde die „Fleut offen" durch eine vierfüßige Spitzflöte ersetzt und im Pedal stand statt des Principalbass ein ebenfalls achtfüßiger Violon. Nach Stüven (S. 98f.) gehen diese Änderungen auf Dietrich selbst zurück. Zudem waren Teile der eigentlich aus Metall zu bauenden Register Quintadena 8' und Oktave 4' HW sowie Gambe 8' OW aus Holz, Flöte 8' HW, Bordun 16' HW und Mittelgedackt 8' bestanden vollständig aus Holz, obgleich sie im Kontrakt aus Holz und Metall bestehen sollten.

[69] Vgl. Stüven, S. 97

[70] Vgl. Stüven, S. 86

Orgelneubau betraut - reparierte die Windladen, das Regierwerk, verworfene Ventile, den Tremulant und Teile des Pfeifenwerkes.[71]

1808 erlitt die Orgel - wohl durch ein undichtes Kirchendach - Regenschäden, denen Johann Carl Friedrich Lochmann aus Delitzsch mit einem Reparaturgutachten beizukommen suchte. Zwanzig Jahre später verfasste jener Johann Carl Friedrich Lochmann ein Reparaturgutachten über die Orgel. Das alte, wohl in weiten Teilen noch auf Johannes Dietrich zurückgehende Werk wurde 1863 durch Conrad Geißler (Eilenburg) und August Ferdinand Wäldner (Halle/Saale) besichtigt. Letzterer konnte die Entscheidung zum Orgelneubau für sich entscheiden, fertigte bis 1865 eine 24-stimmige Orgel mit zwei Manualen, Pedal, mechanischen Schleifladen, 1447 Pfeifen und schlichtem, neoromanischen Prospekt neu an. Das Oberwerk (Manual II) steht über dem Hauptwerk (Manual I) auf einer ein C- und Cis-Seite geteilten Schleiflade. Auch das Hauptwerk besitzt zwei in dieser Art geteilte Laden, die links und rechts unterhalb des Oberwerkes positioniert sind. Das Pfeifenwerk des Hauptwerkes ist nach außen hin aufsteigend aufgestellt, da sich in der Mitte das Wellenbrett des Oberwerkes und die Registertraktur des Hauptwerkes befindet. Die Schleiflade des Pedals ist chromatisch aufgestellt und steht ab G auf Höhe des Hauptwerkes. Die Pfeifen C - F# stehen ebenerdig auf der linken Seite der Orgel.[72] Alle Werke werden über Wellenbretter angesteuert. Das Pedalwerk besteht zeittypisch zu einem Großteil aus Holzpfeifen - sogar der Choralbass 4' wurde aus Holz gefertigt. Die Pfeifen der Manualwerke bestehen dagegen zu einem Großteil aus Metall. Bemerkenswert ist die durchschlagende Bauweise der Posaune 16' im Pedalwerk.[73] Sie besitzt Stiefel und Becher aus Metall mit halber Becherlänge. Nachdem die Orgel 1917 ihre originalen Prospektpfeifen aus Zinn verlor und die in Zörbig ansässige, mit der Wartung betraute Werkstatt Rühlmann den Prospekt in den 1920er Jahren mit Zinkpfeifen versah, erfolgte in den 1960er Jahren eine Umdisponierung im neobarocken Stil.[74] Diese wurde 2006 bei einer Restaurierung durch Orgelbau Benjamin Welde (Zittau) mit Rückführung

---

[71] Vgl. Stüven, S. 99

[72] Die Anordnung der Pedalwindlade ist für Wäldner ebenfalls nicht eben typisch, der seine Orgeln nahezu immer mit einer durchgehend ebenerdig stehenden Windlade für das Pedal versah.

[73] Diese durchschlagende Bauweise wurde vornehmlich durch Friedrich Wilhelm Wäldner eine ganze Zeit lang gepflegt und in den Orgeln von Brehna, Unterfarnstädt sowie im Dom zu Halle gepflegt. August Ferdinand verwendete sie nach Kenntnis des Autors nur in der Orgel von Gollma. Die Instrumente in Sandersleben, Gatterstädt und Ahlsleben verfügen über aufschlagende Zungenstimmen im Pedal.

[74] Vgl. Stüven, S. 171

auf die Disposition von 1865 behoben.[75] Derzeit befindet sich die Orgel in gutem Zustand und ist spielbar, wobei leichter Wurmbefall festzustellen ist.

*Blick in das Innere der Orgel von Gollma: Rechts die Cis-Seite des Hauptwerkes, darüber das Wellenbrett des zweiten Manuales. Auf der linken Seite ist die Windlade des Pedals mit den Pfeifen G - d' zu sehen. Links neben der Posaune steht der hölzerne Choralbass 4', daneben Gedackt 8' und Principalbass 8'.*

---

# Landsberg-Gütz - St. Anna und St. Katharina

*Prospekt der Mauer-Orgel in Gütz. Bildquelle: Landesdenkmalamt LdA Halle (Saale), Bildarchiv*

**Gütz, Mauer-Orgel**
Johann Gottlieb Mauer/
Gottlob Göttlich
1779 - 1781
Mechanische Schleiflade
15 Register

I Unterclavier C,D - c'''
*Portun 8'*
*Quintathön 8'*
*Principal 4'*
*Quinta 3'*
*Octava 2'*
*Wald Flöte 1'*
*Mixtur 3fach*

II Oberclavier C,D - c'''
*Flaut travers 8'*
*Lieblich Gedackt 8'*
*Klein Gedackt 4'*
*Cornet 3fach*
*Trompete 8'*

Pedal C,D - c'
*Sub Paß 16'*
*Violong 8'*
*Posaun Paß 16'*

Nebenzüge
*Tremulant, Manualkoppel,
Pedalkoppel I/P*

Quelle: Stüven, S. 104f.

Die von der Bundesstraße 100 durch ihren hohen Spitzhelm gut sichtbare Kirche zu Gütz ist romanischen Ursprunges und befindet sich vermutlich am Standort der anfangs bereits erwähnten Wasserburg. Der eingezogene Chor entstammt spätgotischer Zeit. Die heutige Gestalt entstand in den Jahren 1777 - 1779 - weite Teile der Innenausstattung und die Holztonne im Inneren entstand in dieser Epoche. Die heutige, als Landmarke sichtbare Gestalt des Turmes entstand 1886. Das Bauwerk wurde zu DDR-Zeiten kaum gepflegt, 1972 durch einen Sturm beschädigt und 1976 aufgegeben. Ab 1992 erfolgte die umfassende Instandsetzung des Baukörpers. Die Kirche wird heute für Andachten, aber auch für andere Veranstaltungen genutzt. Zwar fehlt heute die Orgel in der Kirche, allerdings beeindruckt das Bauwerk durch eine qualitätvolle, spätbarocke Innenausstattung mit Kanzelaltar und Holztonnengewölbe. Hervorzuheben sind die 2013 durch Markus Lüpertz geschaffenen Buntglasfenster als Ersatz für die 1917 geschaffenen, später dem Vandalismus anheim gefallenen Buntglasfenster.

Die (bekannte) Orgelgeschichte von Gütz beginnt 1779 im Rahmen des Umbaus der Kirche.[76] Am 15. April 1779 reichte Johann Friedrich Leberecht Zuberbier einen Kostenvoranschlag für eine Orgel mit 11 Registern auf einem Manual und Pedal ein.[77] Es scheint seine erste Arbeit im Saalekreis gewesen zu sein. Zuberbier kam jedoch nicht zum Zuge; stattdessen wurde der Orgelneubau seinen Zunftgenossen Johann Gottlieb Mauer (Leipzig) und Gottlob Göttlich (Leipzig) übertragen. Mauer reichte einen Kostenvoranschlag mit 12 Registern ein, dem vermutlich die Kenntnis der von Zuberbier angedachten Disposition zugrunde lag. Diese Disposition bereicherte Mauer um ein „Cornet 3. Fach von Zin von $c^1$ bis $c^3$ durchs obere halbe Clavier [...]"[78]. Dass diese Disposition nicht verwirklicht wurde, hatte einen erfreulichen Grund: Gützer Gemeindeglieder stifteten nicht nur ein zweites Manual, sondern auch die entsprechenden Register dazu. So erhielt die Orgel schlussendlich 15 klingende Stimmen auf zwei Manualen und Pedal. Das „untere Clavier" war mit Prinzipalchor und Mixtur eindeutig das Hauptwerk, während das „obere Clavier" durch Trompete 8' und Cornett 3fach quasi den Charakter eines Solowerkes erhielt. Das Pedal wurde um eine Posaune 16' bereichert, um der gestiegenen Anzahl der Manualregister ein entsprechendes Fundament beigeben zu können.

Göttlich überholte die Orgel 1788, verstarb aber über den Arbeiten. Johann Heinrich Hartung (Kölleda) führte die Arbeiten 1789 zu Ende.[79] Der in Bitterfeld ansässige Orgelbauer Ernst Christian Gotthold Venzky, ein Lehrling von Gottlob Göttlich, reichte 1793 einen Kostenvoranschlag für eine umfassende Reparatur ein, die nicht nur die Erneuerung der Zungenstimmen, sondern auch die Neuanfertigung des Tremulanten und der Pedalkoppel sowie eine Reinigung und Stimmung umfasste. Fünf Jahre später - nach erneuter Einreichung eines Anschlages - wurden die Arbeiten ausgeführt. Carl Friedrich Wilhelm Löwe aus Delitzsch reichte

---

[76] Stüven berichtet aus der Chronik von 1827 wie folgt: „Nie hat die Kirche zu Gütz eine Orgel gehabt, die jetzige Orgel hat die Gemeinde aus ihren Mitteln vor etwa bald 40 Jahren ganz neu erbauen laßen" (Vgl. Stüven, S. 172

[77] Vgl. Stüven, S. 72f. - die Orgel sollte folgende Disposition erhalten: **Manual CD-c'''** Gedact 8' Quintadena 8' Flaute traversiére 8' (ab g°) Principal 4' Gedact 4' Quinta 3' Octave 2' Waldflöte 1' Mixtur 3fach **Pedal CD-c'** Subbaß 16' Violon 8' **Nebenzüge:** Pedalkoppel, Tremulant, Kalkant

[78] Vgl. Stüven, S. 102

[79] Vgl. Hackel/Pape, S. 207. Hartung soll mit seiner Arbeit „mehr Schaden als Nutzen gemacht" haben. (Vgl. Stüven, S. 172). Dies wird dadurch deutlich, dass Gotthold Venzky schon 1793 die durch Hartung durchgeführten Arbeiten noch einmal tun, die Pedalkoppel neu anlegen und einen neuen sanften Tremulanten einbauen wollte. Venzky bemerkte zudem in zwei der drei Bälge Löcher, die so groß gewesen sein sollen, dass man seinen Arm hidnruchstrecken konnte. Dies wirft zu Recht Fragen über die Qualität von Hartung auf. (Vgl. Stüven, ebd.)

1855 einen erneuten Reparaturanschlag ein.[80] Dessen Ausführung ist nicht überliefert. Der ebenfalls aus Delitzsch stammende Orgelbauer Eduard Offenhauer reparierte 1859 das Instrument. Knapp 120 Jahre nach der Fertigstellung der Orgel durch Mauer und Göttlich reichte Wilhelm Rühlmann 1904 einen Kostenvoranschlag für ein neues, pneumatisches Instrument ein. Dieses Vorhaben scheiterte vermutlich an den finanziellen Verhältnissen der Gützer Gemeinde, welche aber 1909 das Geld für eine klangliche Veränderung aufgebracht hatten: Im Hauptwerk wurden Waldflöte 1' und Mixtur 3fach gegen Geigenprincipal 8' getauscht, das Oberwerk erhielt Salicional 8' und Vox coelestis 8' statt Trompete 8' und Cornett 3fach.[81] Die 1917 ausgebauten Prospektpfeifen wurden in den 1920er Jahren durch die pflegende Firma Rühlmann ersetzt. Eine weitere Änderung der klanglichen Substanz nahm der in Crimmitschau ansässige Orgelbauer Hans Michel vor, der die Orgel nicht nur reparierte, sondern den rühlmannschen Geigenprincipal 8' im Hauptwerk gegen eine neue Terz 1 3/5' tauschte.[82] Auch die Orgel wurde beim Sturm 1972 in Mitleidenschaft gezogen und 1974 - wohl durch Jugendliche aus dem Ort - geplündert.[83] Ab 1976 verfiel die Orgel dann gänzlich, denn die Kirche war wie bereits erwähnt aufgegeben worden. Der Torso wurde um 1990 entfernt. Damit ging ein wichtiges Zeugnis des Orgelbaus im späten 18. Jahrhundert unwiederbringlich verloren. Heute besitzt die Kirche, die als Kulturkirche für diverse Veranstaltungen anzumieten ist, nur ein elektronisches Klavier.

---

[80] Vgl. Hackel/Pape, S. 359

[81] Die Gützer Gemeinde quittierte diesen Umbau mit den Worten, dass die vorher schreiende Orgel nun mehr „liebliche, einschmeichelnde Stimmen" besitzen und die Gemeinde nun „in rechte Stimmung [...] und himmelan heben" würde. (Vgl. Stüven, S. 173

[82] Stüven berichtet auf S. 173 von einem „Gemshorn" von Rühlmann und meint damit vermutlich den neuen Geigenprincipal von 1909, der auf die Schleifen von Waldflöte und Mixtur zu stehen kam und diese beiden Register ersetzte. Der Klang des Geigenprincipals ist einem Gemshorn nicht unähnlich.

[83] Diese Plünderung ist mit einem bitteren Beigeschmack versehen, wie dem Autor aus der Ortsgemeinde mitgeteilt wurde: Der örtliche Pfarrer hielt seine Hände wohl stets schützend über das wertvolle Instrument. 1974 lag er der Überlieferung nach mit einem gebrochenen Bein im Bett. Just in dieser Zeit nutzte die örtliche SED-Jugend die Gelegenheit und plünderte das Instrument und warf die 1917 geschaffenen Buntglasfenster am Chorraum ein...

**Niemberg, Tiensch-Orgel**
Heinrich Tiensch,
1685
Mechanische Schleiflade
11 Register

Manual
*Gedackt 8'*
*Quintadehna 8'*
*Principal 4'*
*Gedackt 4'*
*Quinta 3'*
*Octave 2'*
*Terz 1 3/5'*
*Super Octava 1'*
*Mixtur 3fach*

Pedal
*Subbaß 16'*
*Octavbaß 8'*

Nebenzüge
*Nicht überliefert*

Quelle: Stüven, S. 52

Die Niemberger Kirche, deren den Turm bekrönender Spitzhelm als Landmarke weithin sichtbar ist, entstammt als einer der diversen historistischen Kirchenbauten dem 19. Jahrhundert. Zwei alte Glocken aus dem 14. Jahrhundert und der um 1550 gefertigte große Schnitzaltar verweisen auf den um 1150 errichteten Vorgängerbau, dessen Turm 1853 wegen Baufälligkeit abgetragen wurde.[84] Architekt Friedrich August Stüler (1800 - 1865) entwarf einen weiträumigen einschiffigen Saalbau mit eingezogenem Westturm und massiver fensterloser Ostapsis als Ersatz für die alte Kirche.[85] Die massiven Eckquader verleihen dem neoromanischen Bauwerk in Verbindung mit dem dunkelrötlichen Porphyrbruchstein, aus dem die Mauern bestehen, ein ehrfurchtgebietendes Äußeres. Die neue Kirche wurde am 24. Oktober 1864 geweiht - der wohl nächstmögliche Termin zum Fest der Kirchenpatronin Ursula am 21. Oktober. Die Niemberger Kirche bildet

---

[84] Schautafel „Steine aus dem Fundament der Apsis" neben der Kirche, Inaugenscheinnahme vor Ort J. Richter, 2018

[85] Eine in der äußeren Gestalt quasi identische Kirche, die ebenfalls von Stüler entworfen wurde, befindet sich in Wallwitz.

den Mittelpunkt einer lebendigen Ortsgemeinde und wird regelmäßig für Gottesdienste und Konzerte genutzt.

Die Niemberger Orgelgeschichte scheint erst 1685 zu beginnen, als Heinrich Tiensch aus Löbejün ein 11-stimmiges Instrument mit einem Manual und Pedal aufstellte.[86] Bemerkenswert ist dies vor allem, weil die kleine Filialkirche in Eismannsdorf schon deutlich früher ein Instrument zur Gestaltung der Kirchenmusik besessen hat. Dieses Instrument wurde 1731/32 durch den Orgelbauer abgebaut und wieder „aufgesetzt".[87] Bei dieser Gelegenheit werden drei Zimbeln hinzugefügt.[88] Johann Christoph Zuberbier führte 1744/45 eine größere Reparatur an der Orgel aus, Selbiges unternahm Heinrich Andreas Contius mehrfach in den Jahren 1756 und 1758 - 1761.[89] Ab 1763 lag die Orgelpflege in der Hand des halleschen Orgelpflegers Johann Gottlieb Beyer, der diese Aufgabe bis zu seinem Tode 1769 wahrnahm.[90] Der Name *Zuberbier* taucht ein weiteres Mal in den Niemberger Akten auf, als Johann Friedrich Leberecht Zuberbier das Instrument 1780 einer Revision unterzog. Noch immer diente die Orgel des Heinrich Tiensch der Gemeinde Niemberg, vermutlich in ihrer Gestalt weitestgehend unverändert. Der aus Halle stammende Orgelbauer, Organist und Geschäftsmann Johann Gottfried Kurtze überholte 1828 die Orgel und ersetzte eine Stimme durch eine neue Traversflöte 8'. Er erhielt dafür 50 Reichsthaler.[91] Als die nunmehr baufällige Kirche 1862 - 1864 durch das heutige Bauwerk ersetzt wurde, war es scheinbar auch an der Zeit das über 150 Jahre alte Instrument zu ersetzen. Es wurde an August Ferdinand Wäldner verkauft, der den Zuschlag zum Orgelneubau erhielt. Der originelle Prospekt, der sich wohltuend von den landläufigen historistischen Orgelgehäusen abhebt, entstammt vermutlich ebenfalls der Feder des Kirchenarchitekten Stüler.

---

[86] Vgl. Stüven, S. 193

[87] Vermutlich geschah dies im Rahmen einer größeren Baumaßnahme in der alten Kirche (Um- oder Neubau der Empore o.ä.). Denkbar wäre eine zunächst erfolgte Aufstellung im Osten auf dem vielerorts üblichen Schülerchor und eine Umsetzung nach Westen. (Vgl. Stüven, S. 193)

[88] Vgl. Stüven, ebd. Nach Meinung des Autors kann es sich dabei um einen Zimbelstern mit drei Glöckchen gehandelt haben. Ähnliches wird in Klebzig erwähnt: Hier ist von „2 Stern mit 6 Zimbeln" die Rede. Diese „Zimbeln" stellten vermutlich akkordisch gestimmte Glocken dar.

[89] Vgl. Stüven, S. 193

[90] Vgl. Hackel/Pape, S. 51

[91] Vgl. Stüven, S. 80 - Kurtze wollte die Orgel sehr viel tiefgreifender umbauen - Mixtur 3fach sollte durch Traversflöte 8' ersetzt werden, da die Register Quinte, Superoktave und Terz nach Kurtzes Ansicht bereits eine Mixtur bilden würden. Zudem sollte die Orgel noch einen Bordun 16' ab c' erhalten. Durch den hallischen Universitätsdirektor Naue, der durch die Gemeinde um Stellungnahme gebeten wurde, erfolgte die Änderung zur überkommenen Disposition: Quinte wurde durch Traversflöte ersetzt, die Mixtur blieb bestehen.

51

---

**Wäldner-Orgel (1864/65)**
August Ferdinand Wäldner
1864/65
Mechanische Schleiflade
16 Register

I Hauptwerk C - f'''
*Bordun 16'*
*Principal 8'*
*Doppelflöte 8'*
*Viola di Gamba 8'*
*Octave 4'*
*Gedackt 4'*
*Quinte 2 2/3'*
*Octave 2'*
*Mixtur 3fach*

II Hinterwerk C - f'''
*Gedackt 8'*
*Flauto traverso 8'*
*Salicional 8'*
*Flauto amabile 4'*

Pedal C - d'
*Subbass 16'*
*Violon 16'*
*Principalbass 8'*

Nebenzüge
*Manualkoppel*
*Pedalkoppel I/P*
*Kalkantenklingel*

Dieser stammte aus Berlin und verwirklichte die dort geläufigen, um die Gehäuseecken gezogenen Rundtürme auch in Niemberg. Es entstand eine fünfteilige, der knapp zehn Jahre ältere Domorgel Halle nicht unähnliche Prospektfassade mit überhöhter, flacher Mittelachse und den bereits erwähnten seitlichen Rundtürmen. Drei Spruchbänder mit Bibelworten und dezentes florales Schnitzwerk schmücken die Schaufront des Instrumentes. Die neue Orgel war mit 16 Registern auf zwei Manualen und Pedal deutlich größer dimensioniert als das alte, kleine Werk. Die Disposition ist typisch für eine hochromantische Landorgel: Das Hauptwerk ist mit den starken Registern (Prinzipalchor mit Quinte und Mixtur) versehen und basiert auf der 16'-Lage, während das Oberwerk (das hier eigentlich ein Hinterwerk ist) mit sanften Begleitstimmen disponiert wurde. Die Manualwerke stehen hintereinander auf in C- und Cis-Seite geteilten Schleifladen, das Pedal hinter dem Stimmgang auf einer chromatischen Schleiflade. Bemerkenswert ist nicht nur die Tatsache, dass Wäldner eine für die Werkstatt seltene Doppelflöte 8' im ersten Manual disponierte, sondern auch, dass Hinterwerk und Pedal über Wellenbretter verfügen, das Hauptwerk hingegen über eine wellenbrettlose Spieltraktur angespielt wird. Auch die Niemberger Orgel verlor 1917 ihre Prospektpfeifen und erhielt sie in den 1920er Jahren durch Rühlmann aus Zörbig zurück. 1937 hatte Rühlmann die Orgel in Pflege. Vermutlich geht auf diese Zeit der Austausch von Salicional 8' gegen Geigenprincipal 4' im zweiten Manual zurück.[92] Wann die „Aufwertung" des zweiten Manuales zu einem neobarocken Positiv erfolgte, ist nicht bekannt. Durch den Einbau von Blockflöte 2' und einer dreifachen, sehr hoch liegenden Zimbel wurde das Klanggefüge der Orgel vollkommen entstellt - zumal diese Stimmen hinsichtlich der Mensur und der Intonation nicht zum Rest der Orgel passen wollen. Ähnliches gilt für das Pedal, dem durch den Tausch von Violon 16' gegen Choralbass 4' das machtvolle Bassfundament eines offenen 16' genommen wurde.
1978 wurde das Instrument durch die Firma Mitteldeutscher Orgelbau A. Voigt (Bad Liebenwerda) gereinigt, überholt und gegen Holzwurm imprägniert. Die Orgel ist spielbar, benötigt aber umfassende Arbeiten - zuletzt arbeitete Thomas Schildt aus Halle 1999 an der Orgel.[93] Im Rahmen einer Restaurierung wäre auch eine Rückführung auf die Disposition von 1865 erstrebenswert.

---

[92] Geigenprincipal 4' findet sich nur selten in den Wäldner-Dispositionen und nicht in einer Orgel auf dem Lande. Vermutlich hat Rühlmann hier eine behutsame „Aufhellung" des zweiten Manuales unternommen.

[93] Mitteilung PA Hohenthurm, 2018

**▶Wäldner-Orgel (2024)**
August Ferdinand Wäldner
1864/65/Voigt 1978
Mechanische Schleiflade
16 Register

I Hauptwerk C - f'''
*Bordun 16'*
*Principal 8'*
*Doppelflöte 8'*
*Viola di Gamba 8'*
*Octave 4'*
*Gedackt 4'*
*Quinte 2 2/3'*
*Octave 2'*
*Mixtur 3fach*

II Hinterwerk C - f'''
*Gedackt 8'*
*Geigend Principal 4'*
*Blockflöte 2'*
*Zimbel 3fach 2/3'*

Pedal C - d'
*Subbass 16'*
*Principalbass 8'*
*Choralbass 4'*

Nebenzüge
*Manualkoppel*
*Pedalkoppel I/P*
*Kalkantenklingel*

# Niemberg-Eismannsdorf - St. Simonis et Judae

Am westlichen Ortsrand des kleinen Sackgassendorfes im Gleisbogen zwischen Halle und Stumsdorf liegt - eingebettet in einen alten Kirchhof - die Dorfkirche von Eismannsdorf. Der kompakte einschiffige Saalbau hat seine Ursprünge im 13. Jahrhundert, während der massive Westquerturm erst im 14. Jahrhundert ergänzt wurde. Darauf deuten die Mauerfugen zwischen Kirchenschiff und Turm hin. Der Baukörper wurde in späterer Zeit lediglich um die circa 1850 geschaffene Vorhalle auf der Nordseite ergänzt. Das Innere beeindruckt währenddessen durch eine im kunsthistorischen Sinne bäuerlich-rustikal wirkende Ausstattung aus dem 17. bzw. 18. Jahrhundert und Reste einer Kassettendecke mit schlichter floraler Malerei.

Die Orgelgeschichte beginnt in der kleinen, romanischen Dorfkirche von Eismannsdorf sehr früh. Bereits 1654 stellte man in der seit 10 Jahren ungenutzten Kirche ein Regal auf.[94] Dieses wurde 1688 an den Schulmeister des Ortes verkauft und als „altes Positiv" bezeichnet.[95] Es ist unwahrscheinlich, dass sich die musikliebende Ortsgemeinde nun für fast 30 Jahre mit dem Fehlen eines Instrumentes begnügte - hatte man doch kurz nach dem verheerenden dreißigjährigen Kriege schon eines angeschafft. Es ist daher zu vermuten, dass eine zweite Orgel in der

---

[94] Vgl. Stüven, S. 167 - Seit 1635 lebten wohl keine Menschen mehr in Eismannsdorf, sie waren alle in größere Orte oder die Städte geflüchtet.

[95] Vgl. Stüven, S. 146

Kirche existierte, die (durch den Krieg?) unspielbar geworden und erst gegen 1688 repariert war.[96] 1716 ist dann ein Orgelneubau belegt.[97] Der im 19. Jahrhundert erfolgte Orgelneubau ist Unter mehreren Gesichtspunkten interessant: Der Prospekt steht heute noch, er stammt aus dem Jahr 1840 und gehörte zu jenem einmanualigen Instrument, welches eigentlich der in Merseburg bzw. Zahna ansässige Moritz Baumgarten fertigen sollte. Er trat diesen Auftrag jedoch an Friedrich Wilhelm Rühlmann - Stammvater der Orgelbauwerkstatt in Zörbig - ab, der die Orgel dann in Kommission für Baumgarten baute und aufstellte.[98] 1880 scheint diese Orgel entfernt worden zu sein, denn es fand sich bei genauerer Begutachtung ein Holzbrett mit folgender Sütterlin-Inschrift: *Spieltischbrett / von der alten Orgel / 1840 erbaut, 1880 abgebrochen* [!]. Erst 1913 erhielt die Kirche dann wieder ein Instrument, welches der Sohn Friedrich Wilhelm Rühlmanns, nämlich Wilhelm Rühlmann senior, als Op.358 der Zörbiger Orgelbaufirma im vorhandenen Prospekt aufstellte. Die nunmehr seitenspielige Orgel erhielt pneumatische Kegelladen, zwei Manuale und acht Register. Die Prospektpfeifen, welche in der Baumgarten-Orgel noch klingend gewesen waren (dies belegen Tonbuchstaben an den Prospektrastern), wurden stillgelegt. An ihre Stelle traten nach der Metallkonfikation 1917 stumme, aber klangfähige Zinkpfeifen. Der im Turmraum stehende Magazinbalg mit Schöpfeinrichtung wurde 1952 durch einen von Rudolf Böhm (Gotha) gefertigten Winderzeuger *Windus* ergänzt. In den 1970er Jahren wurde die Kirche nicht mehr genutzt. Die Orgel diente als Behausung für Marder, die sich mit Bissspuren an den kleinen Metallpfeifen verewigten, und nahm durch eindringendes Wasser Schaden. Sie blieb aber bis auf zwei heute fehlende Pfeifen vollständig und weitgehend unbeschadet erhalten. 2018 reinigten zwei Kirchenmusik-Studenten aus Halle das Instrument und verfassten eine umfangreiche Dokumentation, die als Handreichung zu einer angedachten Orgelsanierung dienen könnte. Dabei wurden auch die in Unordnung geratenen Prospektpfeifen im rechten Teil des Mittelfeldes wieder sortiert. Die Nutzung des kleinen, malerisch gelegenen Gotteshauses nimmt glücklicherweise wieder zu, sodass eine Orgelrestaurierung mindestens als *denkbar* bezeichnet werden kann.

*Eismannsdorf: Gedrechselter Fuß der Hohlflöte 8'*

---

[96] Vgl. Stüven, S. 168 - Eine Gemeinde, welche als eine der ersten Anschaffungen nach einem verheerenden Krieg direkt ein Instrument besorgt, wird sich wohl kaum für eine längere Zeit ohne ein Solches begnügen. Stüven und auch der Autor vermuten daher entweder den nicht überlieferten Ankauf eines neuen Instrumentes 1688 oder aber im Falle des Autors das Vorhandensein eines unspielbaren kleinen Werkes, das 1654 zunächst durch das Regal ersetzt wurde.

[97] Vgl. Stüven, S. 168

[98] Vgl. Stüven, ebd. - Rühlmann war zu dieser Zeit Geschäftsführer Baumgartens.

Die Orgel repräsentiert den kleinen zweimanualigen Orgeltypus aus Zörbig.[99] Das erste Manual ist mit starken Registern besetzt, statt einer Mixtur ist eine zweifache, sanftere Rauschquinte disponiert. Das zweite Manual ist augenscheinlich als Begleitwerk gedacht und mit zwei sanften 8'-Registern besetzt. Durch eine Oktavkoppel kann der Klang des Instrumentes vergrößert werden. Die pneumatischen Kegelladen mit chromatischer Aufstellung des Pfeifenwerkes stehen aufgrund der geringen Höhe des Orgelgehäuses nur circa 20 Zentimeter über dem Emporenboden. Bemerkenswert ist, dass gerade die platzintensiven Register wie Principal 8' und Gamba 8' durchgängig offen gebaut sind. Auffällig sind zudem die langen, gedrechselten Füße der kleinen Oktave von Hohlflöte 8'. Das hinterständige Pedal wird von den vorne stehenden Manualladen durch einen Stimmgang getrennt.

*Inschrift am sogenannten „Spieltischbrett" - vermutlich ist mit dieser Bezeichnung das Vorsatzbrett zwischen Klaviatur und Notenpult gemeint. Dieses Brett sitzt direkt über den Tastenarmen und ist der einzige Hinweis auf die frühere Orgel von Moritz Baumgarten. Warum diese Orgel abgebrochen wurde, ist im Übrigen nicht bekannt.*

---

[99] Auch bei dieser Orgel findet das Prinzip des „geteilten Hauptwerkes" Anwendung: Stimmen, die im Registerfundus einer romantischen Orgel eigentlich in das Hauptwerk gehören (Gedackt und Gambe 8') werden auf ein zweites Manual ausgelagert, um so die Möglichkeiten des Instrumentes zu erweitern.

# Oppin - St. Georg und St. Elisabeth

Die Oppiner Kirche entstammt dem 13. Jahrhundert. Der massive, einst mit fünf Glocken versehene Westquerturm diente zugleich als Wehr- und Fluchtturm. 1633 und 1655 brannte die Kirche nieder, erhielt dann 1655 ihre heutige Gestalt als einschiffiger, rechteckiger Saalbau mit Segmentbogenfenstern. Die heutige Innenausstattung geht auf den Wiederaufbau nach dem dritten Kirchenbrand 1928 zurück und ist schmucklos, auf Altar und Kanzel geprägt. Spruchbänder und -kartuschen mit Bibelworten zieren Empore und den schlichten, kantigen Kanzelaltar. Bemerkenswert ist in der um 2001 umfassend sanierten Kirche ein hölzerner Stuhl, auf dem Martin Luther bei einem Aufenthalt in Oppin gesessen haben soll. Er überdauerte alle drei Kirchenbrände.

Auch die Oppiner Ortsgemeinde legte die Geschicke für ihre vermutlich erste Orgel in die Hände von Heinrich Tiensch aus Löbejün.[100] Dieser schuf 1702 eine einmanualige Orgel mit 11 klingenden Stimmen und einem 4'-Prospekt. Da Tiensch laut Wilfried Stüven über die Zeit seines Schaffens recht wenig an der Bauweise seiner Instrumente veränderte, kann wohl davon ausgegangen werden, dass sich das Oppiner Instrument recht wenig von der ebenfalls 11-stimmigen Orgel in →Niemberg unterschied.[101] Johann Gottfried Kurtze aus Halle unterzog die Orgel

---

[100] Die Orgel wurde nach Stüven angeschafft, um dem Schulmeister des Ortes die Führung des Gesanges zu erleichtern - er hatte dies bisher durch seine eigene Stimme bewerkstelligen müssen. (Vgl. Stüven, S. 193)

[101] Immerhin wurde der Orgel 1716 bescheinigt, dass sie „wohlklingend" gewesen sei.

1799 einer grundlegenden Reparatur. Selbiges tat Friedrich Wilhelm Wäldner in den Jahren zwischen 1815 und 1842 mehrfach. Friedrich Wilhelm Rühlmann stattete die Kirche 1848 dann mit einer neuen Orgel von acht klingenden Stimmen auf einem Manual und Pedal aus, die später als Opus 2 in der Werkliste aus Zörbig geführt wurde.[102] August Ferdinand Wäldner 1889 eine Reparatur aus.[103] Leider wurde diese Orgel beim Brand der Kirche 1928 vernichtet. Immerhin hielt der Enkel Friedrich Wilhelm Rühlmanns, Wilhelm Rühlmann junior, den Auftrag, nach dem Kirchenbrand ein neues Instrument zu errichten. Dieses war 1929 als Op.436 vollendet und erhielt 17 Register (darunter zwei Transmissionen) auf pneumatische Kegelladen und zwei Manualen. Nachdem die Orgel 1999 und zuletzt 2005 repariert[104] wurde, ist ihr Zustand nun wieder so, dass bei Gottesdiensten ein elektronisches Instrument benutzt wird. Eine Restaurierung der Orgel, die nur noch leidlich spielbar ist, wird derzeit geplant. Hinter dem mit vier Flachfeldern versehenen, schlichten Prospekt steht das Pfeifenwerk in chromatischer Aufstellung. Das Hauptwerk steht von vorn gesehen links, daneben befindet sich der Schwellkasten des zweiten Manuales. Die beiden Pedalregister stehen auf zwei verschiedenen Windladen. Die erste beherbergt die Pfeifen C - G und steht ganz rechts und um 90 Grad zum Prospekt gedreht. Die zweite mit den Pfeifen G# - f' steht vor dem Hauptwerk.

Die Disposition zeigt mit *alten* Registern wie Schwiegelpfeife, Sesquialtera oder Quintadena deutliche Anleihen der Orgelbewegung, wenngleich auch in der Oppiner Orgel noch die vielfältig besetzte Äquallage dominiert. Immerhin wurde das Schwellwerk durch Principal 4' und Sesquialtera nicht mehr nur ein Echowerk, sondern ein Gegenspieler zum Hauptwerk. Durch die Transmission von Octave 4' ins Pedal ist auch dieses Werk nun in der Lage, einen Cantus Firmus zu führen, während die zweite Transmission (Stillgedackt 16') der Begleitung der leisen Register bei geschlossenem Schweller dient. Bemerkenswert ist ferner die für eine Orgel auf dem Land verhältnismäßig reiche Ausstattung mit Spielhilfen - drei feste

---

[102] Die (leider nicht überlieferte) Disposition dieses Instrumentes dürfte der in Braschwitz aufgestellten Orgel gleichen.

[103] Mitteilung D. Ulrich, 2024

[104] Vgl. Kunert: Orgel-Information. Das Portal der Königin (URL: https://www.orgel-information.de/ Orgeln/l/la-le/Landsberg_st_georgelisabeth_l-oppin.html, abgerufen am 4. Januar 2025)

Kombinationen, dazu eine Oktavkoppel und ein automatisches Pianopedal zum zweiten Manual.[105]

---

[105] Diese Einrichtung sorgt bei Betätigung dafür, dass beim Wechsel vom stark registrierten Hauptwerk zum leise registrierten Schwellwerk die lauten Register des Pedals und die Pedalkoppel I/P abgestoßen werden, das Pedal also ebenfalls automatisch in eine (festgelegte) Piano-Registrierung wechselt.

# Oppin-Untermaschwitz - St. Nikolai

**Maschwitz, Zuberbier-Orgel**
Johann Christoph Zuberbier
1770
Mechanische Schleiflade
11 Register

Manual
*Gedackt 8'*
*Quintatön 8'*
*Principal 4'*
*Kleingedeckt 4'*
*Nassat 3'*
*Spitzflöte 1'*
*Mixtur 3fach*
*Trompete 8' (ab c', 1799 ab*
*C)*

Pedal
*Quintatönbaß 16'*
*Violon 8'*
*Trompete 8' (ab 1833*
*Oktave 4' J. G. Kurtze)*

Nebenzüge
*Nicht überliefert*

Quelle: Stüven, S. 101f.

*Anmerkung: Das Fehlen der*
*2'-Lage ist aus der Quelle*
*übernommen!*

Die kleine romanische Bruchsteinkirche im Oppiner Ortsteil (Unter-) Maschwitz liegt auf einem malerischen Kirchhof. Das im Kern romanische, vermutlich im 12. oder 13. Jahrhundert errichtete Gotteshaus ist in seiner Grundgestalt nahezu unverändert geblieben. Der kleine, rechteckige Kirchsaal schließt sich an den rechteckigen Westquerturm an, dessen Mauerwerk Spuren mehrfacher Aufmauerung zeigt. Bemerkenswert ist ferner die halbrunde Ostapsis mit ihrem kleinen Rundbogenfenster. Das schlichte Innere - es gibt lediglich Altartisch, Kanzel, Bänke und Empore - wird von einer Holzbalkendecke überwölbt. Das wohl erste Instrument der Maschwitzer Kirche wurde erst 1770 angeschafft und war eine Schenkung eines ortsansässigen, wohl sehr wohlhabenden Anspänners Hoffmann.[106] Johann Christoph Zuberbier aus Köthen schuf eine mit 11 Stimmen auf einem Manual und Pedal versehene Orgel. Merkwürdig erscheint heute die doppelte Anlage der Trompete 8' in Manual und Pedal. Zudem kann die Manualtrompete nur in den oberen drei Oktaven ausgebaut worden sein, denn Johann Gottfried

---

[106] o.V./Pfarramt Hohenthurm (Hrsg.): Webauftritt Pfarramt Hohenthurm - Maschwitz (URL: http://www.pfarramt-hohenthurm.de/maschwitz-39286/kirche-st-nikolai.html, abgerufen am 22. Dezember 2024)

Kurtze (Halle) ergänzte 1799 Wunsch des Stifters[107] die fehlenden Bassoktaven C - h° dieses Registers. Selbiger Orgelbauer führte 1833/34 eine größere Reparatur aus, beschrieb das Instrument als sehr schadhaft und ersetzte die Pedaltrompete gegen eine Octave 4'.[108] Insgesamt diente die Zuberbier-Orgel knapp 120 Jahre der Ortsgemeinde, bevor ein neues Instrument beschafft wurde. Dieses entstand 1890 bei Wilhelm Rühlmann senior (Zörbig) als Opus 111 und stellt die wohl letzte mechanische Orgel der Werkstatt dar. Der Spieltisch erinnert in seinem Aussehen sehr an die Spielschränke des Weißenfelser Meisters Friedrich Ladegast, bei dem Rühlmann sein Handwerk erlernt hatte. Der Prospekt ist äußerst schlicht-neoromanisch. Er weist lediglich drei rundbogige Flachfelder mit gliedernden Pilastern und Lisenen auf. Das neue, zehn Register auf zwei Manualen und Pedal umfassende Instrument wurde 1917 seiner Prospektpfeifen beraubt. Die Erbauerwerkstatt gab der Orgel in den 1920er Jahren mit Zinkpfeifen ihr Gesicht zurück. Thilo Lützkendorf (Merseburg) reinigte 1983 die Orgel und führte notwendige Reparaturen aus.[109] Auch seiner Tätigkeit ist es zu verdanken, dass die Orgel in Maschwitz heute in gutem Zustand und vollumfänglich spielbar ist.

Beide Manualwerke stehen hintereinander auf diatonischen (C/Cis geteilten) Schleifladen, ebenerdig hinter dem Stimmgang steht das Pedal auf einer chromatischen Schleiflade. Alle Werke besitzen Strahlentrakturen. Die Disposition des kompakt angelegten Instrumentes bewegt sich weitestgehend innerhalb des zeittypischen Rahmens - das erste Manual ist als starkes Hauptwerk mit Prinzipalchor konzipiert, während einige, eigentlich dem Registerfundus eines stark besetzten Hauptmanuales zugehörige Stimmen auf das zweite Manual *ausgelagert* werden.[110] Dieses Hinterwerk erhält dadurch den Charakter eines Begleit- oder Pianowerkes. Zwei Dinge fallen dem Fachmann hinsichtlich der Disposition ins Auge: Das Hauptwerk verzichtet auf den bei zehn Registern kurz vor der Wende zum 20. Jahrhundert eigentlich obligatorischen Bordun 16', wodurch der Klang insgesamt schlanker, weniger füllig und dunkel als bei anderen Instrumenten aus der Zeit wird. Die zweite Besonderheit betrifft die hohen Register des Prinzipalchores: Anders als bei früheren Rühlmann-Orgeln (vgl. →Plößnitz oder Sylbitz)

▶**Rühlmann-Orgel (2024)**
W. Rühlmann senior
Op.111, 1890
Mechanische Schleiflade
10 Register

I Hauptwerk C - f'''
*Principal 8'*
*Hohlflöte 8'*
*Octave 4'*
*Quinte 2 2/3'* *
*Octave 2'* *

II Hinterwerk C - f'''
*Liebl. Gedacht 8'*
*Salicional 8'*
*Flauto amab. 4'*

Pedal C - d'
*Subbass 16'*
*Principalbass 8'*

Nebenzüge
*Manualkoppel*
*Pedalkoppel I/P*

*Register geändert (Vgl. Text)*

---

[107] Vgl. Stüven, S. 79

[108] Vgl. Stüven, S. 79 - Die Orgel hatte damals „durch mehrere Bauten der Kirche [...] besonders durch damalig[es] schlechte[s] Dach" sehr gelitten; Schäden fanden sich an Tastatur, Traktur, Regierwerk, Laden, Bälgen und Kanälen sowie am Pfeifenwerk.

[109] Hackel/Pape, S. 362

[110] Zum auch hier angewandten Prinzip des „geteilten Hauptwerkes" vergleiche 4.1 Dispositionsweise und Klanggestalt.

*Oben: Unterschiede in der Typografie sind besonders zwischen Octave 4' und Quinte 2 2/3' deutlich und gut vergleichbar. Es wäre das einzige Mal in der Firmengeschichte von Rühlmann, dass das Apostroph für die Fußbezeichnung fortgelassen wurde.*

wird eine Quinte 2 2/3' disponiert, andererseits im Unterschied zu späteren Rühlmann-Orgeln (vgl. →Eismannsdorf) auf eine Zusammenführung beider Stimmen zu einer Rauschquinte verzichtet. vorhanden. Allerdings geht der Autor davon aus, dass diese Zusammenstellung der Stimmen <u>nicht</u> original sein dürfte. Dies hat mehrere Gründe: Rühlmann disponierte die Orgeln aus seiner Werkstatt auf eine recht schematische Art und Weise. Dieses Schema sieht bei kleineren Orgeln eine Rauschquinte, bei größeren Werken Oktave 2' + Mixtur oder Quinte 2 2/3'+ Oktave 2'+ Mixtur vor. Die Mixtur begann meist mit einem 2 2/3'-Chor, schloss sich also in der Klangpyramide nahtlos an die Vierfußlage an und verbreitete den Klang des Instrumentes. Das Auftreten von Quinte 2 2/3' und Oktave 2' als Einzelreihen ohne die in der Klangpyramide logisch folgende Mixtur wäre in der gesamten Werkstattgeschichte bei einer zweimanualigen Orgel einzigartig und wird eigentlich schon durch die schematische Dispositionsweise Rühlmanns widerlegt.[111]

Weiterhin unterscheidet sich der auf dem Registerschild „Quinte 2 2/3" verwendete Schrifttypus im Erscheinungsbild minimal von den anderen Registerschildern. Dies zeigt sich am Schwung des Buchstabens „e" am Wortende ebenso wie an der Schreibweise des Buchstabens „n", der Zahl „2" oder am Zeichenabstand selbst, der im Vergleich zu anderen, deutlich längeren Registernamen wie „Principal" oder „Hohlflöte" etwas zu eng geraten ist. Auch orthografisch weicht das benannte Registerschild ab, es fehlt das auf <u>allen</u> anderen Schildern vorhandene Apostroph als Abkürzung für „Fuß". So heißt es - beispielhaft - *Principal 8'*, dagegen aber *Quinte 2 2/3* ohne Apostroph. Dieses kleine Zeichen ist nicht etwa durch Abnutzung abhanden gekommen, sondern es war nie vorhanden. Dagegen ist das Registerschild *Octave 2'* hinsichtlich der genannten Auffälligkeiten identisch zu den anderen Schildern, sodass dieses Register als original angenommen werden dürfte.

Drittens und letztens weisen die Pfeifenstöcke der Quinte auf spätere Veränderungen hin und lassen auf einen Bordun 16' schließen. Eine ähnliche Disposition weist die 1893 in Großkayna aufgestellte, 1963 nach Geusa versetzte Rühlmann-Orgel Op.134 auf.

Dadurch kommt der Autor zu dem Schluss, dass der einst wohl vorhandene Bordun 16' durch eine Quintreihe ersetzt und ein neues Registerschild eingefügt wurde. Eine detaillierte Untersuchung der Windlade steht noch aus.

---

[111] Die Orgel Op.20 in Kütten etwa weist zwar die „geteilte Rauschquinte" auf, besitzt aber auch nur neun Register auf einem Manual und Pedal. Die Orgeln von →Zwebendorf und →Schwerz etwa verzichten aber auf die 2'-Lage, wurden aber mit einer Mixtur versehen. Die Orgel in →Sietzsch wies bei 10 Registern folgende Stimmen im ersten Manual auf: Bd.16' Pr.8' Fl.8' Oct.4' Mixt. 3f.

Vermutlich geht diese Dispositionsänderung auf Thilo Lützkendorf zurück.

# Peißen - St. Wenzel

**▶Peißen, Wäldner-Orgel**
August Ferdinand Wäldner
1868
Mechanische Schleiflade
13 Register

I Hauptwerk C - f'''
*Bordun 16'*
*Principal 8'*
*Gedackt 8'*
*Viola di Gambe 8'*
*Octave 4'*
*Octave 2'*
*Mixtur 3fach*

II Hinterwerk C - f'''
*Flauto trav. 8'*
*Salicional 8'*
*Flauto amab. 4'*

Pedal C - d'
*Subbaß 16'*
*Violon 16'*
*Octavbaß 8'*

Nebenzüge
*Manualkoppel*
*Pedalkoppel I/P*
*Kalkant*

Beim Besuch der Kirche zu Peißen ist schon weitem eine Besonderheit augenfällig: Kein Westquerturm verleiht dem Bauwerk sein trutziges Aussehen, sondern ein hier in der Region unüblicher Rundturm. Dieser ist deutlich älter als die Kirche und wurde vermutlich um 950 als Fluchtturm geschaffen, wie vermauerte Zugangsöffnungen in circa 10 Metern Höhe belegen. Das Kirchenschiff wurde um 1200 ergänzt und das Bauwerk dem heiligen Wenzel geweiht. Im Laufe der Zeit wurde die Kirche mehrfach umgestaltet: 1852 (Umgestaltung des Inneren im Stil des Historismus, Anbau der Vorhalle), 1890 (Aufsatz des 13,8 Meter langen Spitzhelmes auf den Turm) und 1953. Durch die von 2006 bis 2021 während Restaurierung des Innenraumes ist die Kirche heute in außerordentlich gutem Zustand. Bemerkenswert sind vor allem der monumentale, kelchförmige Taufstein, der vermutlich aus der Erbauungszeit der Kirche stammt, und das gotische Schnitzretabel aus dem Jahr 1470.
Die Orgelgeschichte der Kirche zu Peißen nimmt wie vielerorts erst im 18. Jahrhundert ihren Anfang. 1721 wurde zunächst eine Kollekte für ein Orgelwerk veranstaltet.[112] Auch in Peißen ist der Name der Familie Zuberbier mit dem ersten Instrument der Kirche verknüpft, denn David

---

[112] Vgl. Stüven, S. 195

Zuberbier aus Halle errichtete 1732 eine erste Orgel.[113] Von dieser sind nur noch die Registerzüge bekannt - es waren 16 an der Zahl. Ferner ist ein Zimbelstern überliefert.[114] Der Neubau wurde 1733 vollendet. Über die folgenden 120 Jahre der Orgelgeschichte von Peißen ist in den Quellen nichts außer einer von einem Orgelbauer Jehrt im Jahr 1747 ausgeführten Orgelreparatur überliefert.[115] Erst 1852 ist eine Orgelreparatur durch einen Orgelbauer namens Hecht bekannt.[116] August Ferdinand Wäldner (Halle) errichtete 1868 eine neue Orgel mit einem neoromanisch-byzantinischen Prospekt und 13 Registern auf zwei Manualen und Pedal.

Die Prospektfront mit drei jeweils dreiseitigen Türmen und überhöhter Mittelachse sowie zwei rundbogigen Flachfeldern wird durch runde Pilaster gegliedert und von einem Lilienkranz bekrönt. Nur wenige Jahre später sollte ein nahezu identischer Prospekt in der Kirche des Nachbarortes →Hohenthurm aufgestellt werden… Die neue Orgel büßte 1917 ihre Zinn-Prospektpfeifen ein. Die klangliche Lücke im Principal 8', der den klingenden Prospekt bildet, wurde in den 1920er Jahren durch in der Zörbiger Werkstatt Rühlmann gefertigte Zinkpfeifen gefüllt. Rühlmann hatte die Orgel auch um 1936 noch in Pflege.[117] 2000 erfolgte eine Restaurierung des Instrumentes durch Thomas Hildebrandt aus Halle. Im Zuge dieser Arbeiten wurden auch die Prospektpfeifen aus Zinn nach Wäldner-Mensuren rekonstruiert. Das Gehäuse erhielt vermutlich ebenfalls in dieser Zeit einen weißen Anstrich mit goldenen Akzenten. Als der Innenraum der Kirche 2020 überholt wurde, erhielt der Orgelprospekt seine heutige, leuchtend karmesinrote Farbfassung, deren Originalität nach Untersuchungen des Orgelgehäuses vom Denkmalschutz bestätigt wurde. Auf diese Weise ist die bestens gepflegte und in hervorragendem Zustand befindliche Orgel ein wirklicher Blickfang in der Kirche.

Das mechanische Instrument besitzt zwei hintereinander angeordnete Manualwerke (Hauptwerk mit Prinzipalchor, „Oberwerk" bzw. Hinterwerk als Piano- und Begleitwerk mit sanften Stimmen) auf in C-

*Oben: Die Wäldner-Orgel in Peißen mit der alten, hellen Farbfassung des Prospektes bis 2020.*

---

[113] Vgl. Stüven, S. 65

[114] Vgl. Stüven, S. 159

[115] Vgl. Stüven, S. 86 - Nach dem Kirchenbuch sollte dieser Orgelbauer aus „Cüstrena" stammen.

[116] Vgl. Stüven, S. 219 - Der Name und Herkunftsort dieses Orgelbauers ist nicht zu ermitteln. Hackel/Pape erwähnen eine mögliche Beziehung zu Johann Christian Hecht aus Bodenwerder. (Vgl. Hackel/Pape, S. 212)

[117] Vgl. Wünsche, Michael: „Peißen (1868 oder 1856)" in: Die Orgelbauerfamilie Wäldner - Leben und Werk - Instrumente (URL: https://waeldner-orgel.de/index.php/peissen-1868-oder-1856, abgerufen am 10. Dezember 2024)

und Cis-Seite geteilten Schleifladen mit Wellenbrettern. Das Pedal befindet sich in einem etwas grob gearbeiteten Verschlag auf der linken Seite der Empore auf einer ebenerdig stehenden, chromatischen Schleiflade. Das Pedalregister Violon 16' wurde wohl aus optischen Gründen von C - F akustisch gebaut und aus Pfeifen von 8'+5 1/3' gebildet.[118] Ab F# hat das Register dann voller Länge - der klangliche Bruch ist beim normalen Orgelspiel vertretbar, aber für kundige Ohren deutlich wahrzunehmen. Der Spielschrank mit seitlichen Manubrien und weißen Porzellanschildern ist in seiner Gestalt identisch zu den Wäldner-Orgeln in Hohenthurm und Niemberg.

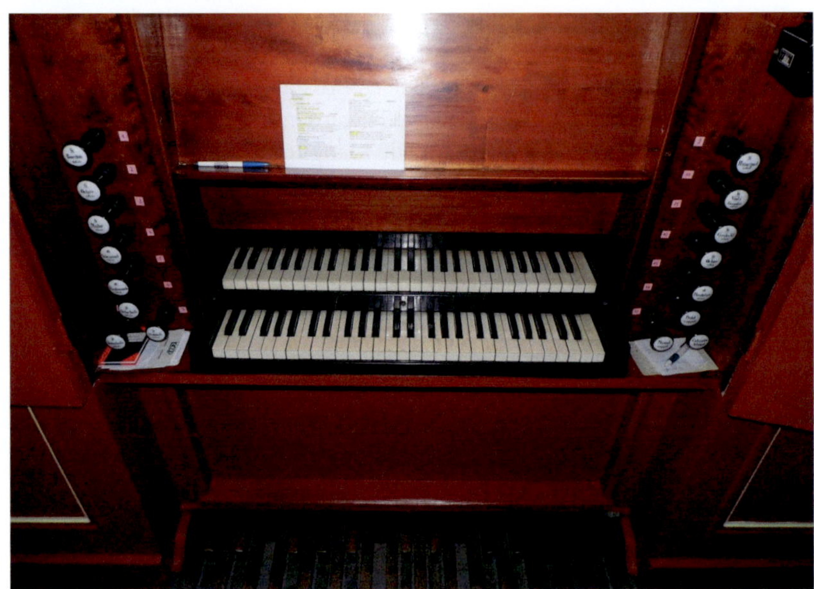

---

[118] Schon die Pfeifen F#, G und G# ragen über den seitlichen Holzverschlag hinaus (siehe Foto oben). Vermutlich wollte man größere Überlängen vermeiden und zusätzlich Platz sparen.

# Queis-Klepzig - St. Marien

**Klepzig, Tiensch-Orgel**
Heinrich Tiensch
1689
Mechanische Schleiflade
14 Register

Manual
*Gedackt 8'*
*Quintadena 8'*
*Principal 4'*
*Kleingedackt 4'*
*Quinte 3'*
*Octave 2'*
*Spitzflöte 2'*
*Sifflöte 1'*
*Mixtur 3fach*
*Regal 8' (nicht ausgeführt?)*

Pedal
*Subbaß 16'*
*Naßat 2' (sic)*
*Posaune 16'*
*Trompete 8'*

Nebenzüge
*2 Sterne mit 6 Zimbeln*
*Vogelsang*
*Tremulant*

Quelle: Stüven, S. 52f.

Die erste gesicherte Erkenntnis über ein sakrales Bauwerk in Klepzig datiert aus dem Jahr 1363, als eine dem heiligen Pankratius geweihte Kirche erwähnt wird. Eine neue barocke Kirche wurde - nachdem der Vorgängerbau wohl stark baufällig und auch zu klein geworden war - in den Jahren 1755 bis 1768 errichtet. Ihre heutige Gestalt entstand in den Jahren 1873/74: Unter Beibehaltung von Chor, Turm und Teilen des Kirchenschiffes wurde ein neues, historistisch gestaltetes Gotteshaus erbaut, das nun zudem auf kreuzförmigen Grundriss stand und einen Chor mit dreiseitigem Abschluss besitzt. Der markante Glockenturm mit seinem oktogonalen Glockengeschoss, welscher Haube und Laterne ist zudem eine weithin sichtbare Landmarke. Der komplette Innenraum wurde umgestaltet, seitliche Emporen unter Dreierarkaden mit bemerkenswert verzierten Gusseisenpfeilern (!) eingebaut und die Kirche farblich neu gefasst. Dazu wurden die Kehlungen des mittigen Gewölbes mit Gemälden der vier Evangelisten versehen und auch die anderen Teile der Kirchendecke mit Bibelworten und symbolischen Gemälden verziert. Ende der 1980er Jahre sollte Klepzig dem geplanten Tagebau „Hatzfeld" weichen. Im Zuge dessen wurde die Kirche aufgegeben, nicht mehr gepflegt und verfiel. Die Wende verhinderte Schlimmeres: 1992 wurden erste Instandsetzungsmaßnahmen am Baukörper eingeleitet, 1995 gründete sich der Förderverein für die Klepziger Kirche. Die Kirche ist

**Trampeli-Orgel**
Gebr. Trampeli (Adorf)
1793
Mechanische Schleiflade
27 Register

I Hauptwerk C - c'''
*Bordun 16'*
*Principal 8'*
*Gedackt 8'*
*Gambe 8'*
*Octave 4'*
*Hohlflöte 4'*
*Quinte 3'*
*Octave 2'*
*Mixtur 4fach*
*Cornett 3fach*
*Trompete 8'*
*(ab 1843 Flachflöte 8')*

II Oberwerk C - c'''
*Principal 8'*
*Quintathön 8'*
*Liebl. Gedackt 8'*
*Flauto traverso 8'*
*Principal 4'*
*Flauto amab. 4'*
*Rohrflöte 4'*
*Octave 2'*
*Mixtur 3fach*
*Hautbois 8' (ab 1843 Flöte 8')*

Pedal C - c'
*Subbass 16'*
*Violon 16'*
*Octavbass 8'*
*Posaune 16'*

Nebenzüge
*Manualkoppel*
*Pedalkoppel I/P*
*3 Sperrventile*

Quelle: Stüven, S. 106f.

heute wieder in gutem Zustand, einige Arbeiten wie die Erneuerung der Fenster auf der Westseite sind noch auszuführen.

Die Orgelgeschichte in Klepzig gehört mit zu den Ältesten der Region Landsberg: Bereits 1675 ist eine erste Orgel bezeugt. Da bereits gut 10 Jahre später eine neue Orgel errichtet wurde, ist wohl mit Recht davon auszugehen, dass das 1675 erwähnte Instrument deutlich älteren Datums gewesen sein dürfte.[119] 1688 - 1689 errichtete Heinrich Tiensch aus Löbejün eine neue, 14-stimmige Orgel[120], wofür am 29. August 1688 der Kontrakt unterzeichnet wurde. Geplant waren eigentlich 12 Register, aber Kleingedackt 4' im Manual und Naßat 2' im Pedal [sic] wurden für jeweils 6 Thaler noch „Über dieses" hinzugefügt.[121] Die Tiensch-Orgel wurde 1708 durch Orgelbauer Hennig (Hohenprießnitz) umfassend repariert[122] und 1757 nach Roitzsch bei Bitterfeld verkauft.[123] Die für den neuen Kirchenbau gefassten Absichten eines Orgelneubaus wurden durch den Siebenjährigen Krieg zunächst verhindert. Der in Köthen und Dessau ansässige Johann Christoph Zuberbier vollendete 1768 ein neues Instrument, welches die Ansprüche wohl nicht zur Gänze befriedigte.[124] Von dieser Orgel ist überliefert, dass sie als Prinzipalbasis die Achtfußlage[125] aufwies, also eine respektable Größe von circa 20 Registern auf zwei Manualen besessen haben mochte. Es war die größte Orgel Johann Christoph Zuberbier, von der leider keine Disposition überkommen ist - dafür ist überliefert, dass das 800 Thaler teure Instrument wohl „leicht gebaut" gewesen war.[126] Johann Gottfried Krug

---

[119] Es wurde 1688/89 gegen eine Zahlung von 36 Alten Schock an Heinrich Tiensch verkauft und als „ruiniert" beschrieben. (Vgl. Stüven, S. 177)

[120] Der Kostenvoranschlag des Instrumentes wird durch Stüven auf S.52f. wiedergegeben. Der Prospekt sollte aus 5 Türmen bestehen. Bemerkenswert ist die Erwähnung von „langen Octaven" der Klaviaturen, die explizit gefordert wurden. Der Autor geht daher von einem Klaviaturumfang C,D-c''' bzw. C,D-c' aus. Tiensch erhielt für das überdies mit zwei Bälgen versehene Werk 70 Thaler und die alte Orgel dazu. Am 11. Oktober 1688 quittierte der Orgelbauer den Empfang der ersten Anzahlung.

[121] Vgl. Stüven, S. 53 - auf S. 68 erwähnt Stüven hingegen 13 Register.

[122] Vgl. Stüven, S. 177. In diesem Zusammenhang sollte Posaune 16' gegen einen Prinzipalbass getauscht werden. Die Ausführung dieser Arbeiten ist nicht belegt.

[123] Vgl. Stüven, S. 177. In Roitzsch steht heute ebenfalls eine Rühlmann-Orgel (1885 als Op.75 mit II/15 erbaut, heute II/20) mit einem neogotischen Prospekt. Der Verbleib der Tiensch-Orgel ist nicht mehr zu ermitteln.

[124] Vgl. Stüven, S. 69

[125] Vgl. Stüven, S. 68

[126] Vgl. Stüven, S. 177. Das achtfüßige Instrument bereitet von Anfang an Probleme, was auch dadurch deutlich wird, dass ein fähiger Orgelbauer wie Johann Gottfried Krug nicht in der Lage war, die Mängel zu beheben.

versuchte sich nach 1770 mehrfach an einer Reparatur der Orgel, blieb aber erfolglos. Er veränderte die Disposition und verbohrte die Windladen - Änderungen in der Disposition sind nicht überliefert - sodass im Ganzen befunden wurde, dass er die Orgel „mehr verdorben als verbessert"[127] hätte. Orgelbauer Johann Heinrich Hartung (Kölleda) reparierte die Orgel nach einem Blitzeinschlag in die Kirche 1789 erneut und versah sie auch mit einem neuen Prospekt. Die Arbeit wurde dreimal geprüft und für schlecht befunden. Ein nochmaliger Neubau war für die Gemeinde wohl unausweichlich.[128] Für diesen Neubau wurde mit den Gebrüdern Johann Gottlob und Christian Wilhelm Trampeli (Adorf) 1791 ein Vertrag geschlossen, der ihnen den Verkauf der alten Orgel für 200 Thaler zusicherte und für die neue Orgel zwei Manuale, Pedal und 27 klingende Stimmen vorsah. 1793 war diese Orgel in der vorgesehenen Gestalt vollendet und wurde 1815 repariert. Diese Arbeit führte Johann Gottfried Kurtze (Halle) aus, der die Orgel bislang auch in Pflege hatte.[129]. Dem gewandelten Zeitgeschmack entsprechend wurden 1842 die zwei Manual-Zungenregister gegen achtfüßige, *liebliche* Flötenstimmen ausgetauscht. Diese Arbeiten nahm Friedrich Wilhelm Wäldner (Halle) vor, der die Orgel auch noch reparierte. 1853 wird das Instrument erneut durch Wäldner - nun durch August Ferdinand - abgetragen und einer Generalreparatur unterzogen. Dafür wurde die Orgel nach Halle transferiert und in der Zwischenzeit eine Interimsorgel zur Verfügung gestellt.[130] Als die Kirche 1873 umfassend umgebaut wurde, trug man die Orgel erneut ab und stellte sie 1874 bei Vollendung der Arbeiten auf einer neuen Empore wieder auf.[131] Die wohlhabende Ortsgemeinde schuf 1913 die größte Orgel an, die jemals auf dem heutigen Stadtgebiet von Landsberg stand: Das neue, durch Wilhelm Rühlmann (Zörbig) als Op.360 geschaffene und mit pneumatischen Kegelladen versehene Instrument erhielt 30 klingende Stimmen und eine Transmission.[132] Das

---

[127] Vgl. Stüven, S. 107

[128] Vgl. Stüven, ebd.

[129] Vgl. Stüven, S. 79

[130] Vg. Stüven, S. 177. Die Orgel wurde im Oktober 1853 abgetragen und am 31. Mai 1854 nach erfolgter Wiederaufstellung wieder abgenommen.

[131] Diese Arbeiten führte Orgelbauer Eduard Offenhauer aus Delitzsch, der August Ferdinand Wäldner um 200 Reichstaler unterboten und nur 300 Reichstaler gefordert hatte. Es wird erwähnt, dass die Pedalregister bislang in einer Mauernische standen und nun durch eine Umsetzung zu einem bedeutend volleren Ton der Orgel führten.

[132] Rühlmann bescheinigte der Orgel „gutes Material und solide Arbeit", erwähnt aber, dass das Instrument „den Anforderungen unserer Tage nicht mehr genügen will" (Vgl. Stüven, S. 178

69

alte Gehäuse von 1791/93 wurde dafür etwas nach vorne gezogen und an den Seiten um zwei kleine Flachfelder erweitert. Der Spieltisch befand sich frontal am Gehäuse. Die Prospektpfeifen - vermutlich noch von den Gebrüdern Trampeli stammend[133] - büßte auch die Klepziger Orgel im Jahr 1917 ein. Anders als in anderen Orten wurden hier die Prospektöffnungen mit grauem Tuch verhängt. Diesem ersten Schritt des Niedergangs der stolzen Orgel folgte nach einigen Jahrzehnten der Nächste: Als Klepzig devastiert werden sollte, wurde die Orgel demontiert und teilweise ausgelagert. Einige Pfeifen wurden in die Orgel von Schlaitz bei Bitterfeld integriert.[134] Der Großteil des Pfeifenwerkes ging verloren. Nachdem die Kirche ab 1992 wieder hergerichtet wurde, installierte man eine Elektro-Orgel der Firma Ahlborn (Fabrikat *Sonata*) inklusive Lautsprechern auf der Empore. Diese ist auch heute noch vorhanden. Von der Rühlmann-Orgel existieren - zumindest in Klepzig - nur noch wenige Fragmente: Diverse (vornehmlich größere) Holzpfeifen, circa 40 Zinkpfeifen, einige Holzbecher der Posaune 16' sowie Teile des Spieltisches (Pedalklaviatur, Registerschalter). Alle diese Teile liegen in einem großen Durcheinander im weiträumigen Inneren des prachtvollen Prospektes. Eine Wiederherstellung ist nicht geplant und vermutlich auch nicht möglich.

*Blick auf den Stapel aus Pfeifen und Teilen des Spieltisches im Inneren der Orgel. Unten rechts ist die Pedalklaviatur zu erkennten, mittig im Bild oben auf dem Stapel die Registerschalter.*

*Großbild nächste Seite: Die Orgel in Klepzig kurz nach ihrer Vollendung im Jahr 1912 oder 1913 auf einer historischen Postkarte. (Bildquelle: Archiv J. Richter)*

---

[133] Schaut sich der Betrachter das nachstehende, alte Foto der Klepziger Orgel an, so wird auffallen, dass die Prospektpfeifen für Rühlmann untypische Labienformen und -verläufe und zudem im Verhältnis zum Prospekt außergewöhnlich schmale Mensuren aufweisen. Auch die Füße sind für Rühlmann-Prospektpfeifen überdimensional lang, sodass der Autor zum Schluss kommt, dass die Prospektpfeifen vermutlich noch aus dem Jahr 1793 stammen dürften.

[134] Wünsche, Michael: Die Orgelbauerfamilie Wäldner - Leben und Werk - Instrumente - Schlaitz (1833) (URL: https://waeldner-orgel.de/index.php/schlaitz-1833#_ftn) - betraf die Register Gedackt, Gambe, Flauto amab. und Flauto traverso

SEID · FROEHLICH · IN · HOFFNUNG,
GEDULDIG · IN · TRUEBSAL · HALTET · AN
GEBET!
DEIN · WORT · IST · MEINES · FUSZES · LEUCHTE
UND · EIN · LICHT · AUF · MEINEM · WEGE

# Reußen-Zwebendorf - Dorfkirche

Die kleine Dorfkirche in Zwebendorf ist in ihrer äußerlichen Gestalt noch nahezu unverändert - seit 750 Jahren steht das um 1250 erbaute Gotteshaus auf dem Kirchhof in der Ortsmitte. Äußerlich wurden nur die Fenster verändert und um 1500 eine Sakristei angebaut. Im 18. Jahrhundert entstand die heutige Empore und der große, auffallend qualitätvoll gearbeitete Kanzelaltar. 2007 wurde der Innenraum untersucht und dabei wertvolle historische Malereien freigelegt.

Dass in dem kleinen Kirchsaal zunächst kein großes Instrument aufgestellt wurde, liegt wohl auf der Hand. 1703/04 wurde in Zwebendorf zunächst ein Positiv angekauft, dessen Beschaffenheit außer den Registern Gedackt 4' und Oktave (?) nichts näher bekannt ist.[135] 1777/78 schuf Johann Gottfried Kurtze aus Halle eine neue Orgel mit 11 Registern auf einem Manual und Pedal, welche vermutlich - wie die meisten anderen Orgeln Kurtzes - aus gebrauchten Alt-Teilen zusammengesetzt war. Auch in Zwebendorf war Friedrich Wilhelm Wäldner (Halle) tätig, der 1842 - vermutlich von Klepzig aus - das dreifache Cornett der Kurtze-Orgel gegen eine romantische Gambe 8' tauschte und das Werk überholte.[136] Das heutige Werk stammt aus dem Jahr 1884 und ist die 60. in der Werkstatt von Wilhelm Rühlmann senior (Zörbig) gefertigte Orgel. Das mechanische Schleifladen-Instrument verfügt über 12 Register auf

---

[135] Vgl. Stüven, S. 216

[136] Vgl. Stüven, ebd. Wäldner erhält für diese Arbeit fast 100 Thaler.

"

zwei Manualen und Pedal und ist hinsichtlich der fünfachsigen Prospektform identisch zur als Op.61 deklarierten Orgel in Schiepzig (Salzatal). Die Disposition ist ebenfalls quasi identisch, Zwebendorf erhielt allerdings ein Register weniger als die Schiepziger Orgel. Die Ähnlichkeit beider Instrumente ist frappierend und bekräftigt durchaus den oft gegenüber romantischen Orgelbauern geäußerten Vorwurf des sogenannten schematischen *Fabrikorgelbaues*. Die 1917 abgegebenen Prospektpfeifen wurden in den 1920er Jahren durch Zinkpfeifen ersetzt, ein elektrisches Gebläse um 1960 hinzugefügt. Thomas Schildt aus Halle führte in den Jahren 2009/10 eine Restaurierung der Orgel durch, bei der einige durch Holzwurm beschädigte Pfeifen neu angefertigt wurden.[137] Die Orgel ist in gutem Zustand und wird regelmäßig gespielt.

Der Prospekt zeigt eine fünfachsige Anlage mit drei großen, rundbogigen und zwei kleineren, dazwischen liegenden Flachfeldern. Auch in Zwebendorf gleicht der Spielschrank den Orgeln von Rühlmanns Lehrmeister Friedrich Ladegast. Die Disposition unterscheidet sich nicht von anderen, spätromantischen Dorforgeln. Im Hauptwerk fehlt die 2'-Lage zugunsten eines Gedackt 4', die leisen Stimmen stehen im zweiten Manual. Beide Manualwerke stehen hintereinander auf mechanischen, diatonischen Schleifladen, das Pedal mit Strahlentraktur auf einer chromatischen Schleiflade ganz hinten an der Rückwand der Orgel. Der Klang des Instrumentes ist trotz des unmittelbar vor der Orgel befindlichen Turmbogens ausnehmend kraftvoll und rund im Raum.

▶**Rühlmann-Orgel**
Wilhelm Rühlmann senior,
Op.60, 1884
Mechanische Schleiflade
12 Register

I Hauptwerk C - f'''
*Bordun 16'*
*Principal 8'*
*Hohlflöte 8'*
*Gamba 8'*
*Octave 4'*
*Gedackt 4'*
*Mixtur 3fach*

II Hinterwerk C - f'''
*Liebl. Gedeckt 8'*
*Salicional 8'*
*Flauto amab. 4'*

Pedal C - d'
*Subbaß 16'*
*Principalnabß 8'*

Nebenzüge
*Manualkoppel*
*Pedalkoppel I/P*
*Kalkant*
*Vacat*

---

*Frappierende Ähnlichkeiten:*

*Oben die als Op.61 geführte Orgel in der Kirche St. Helena Schiepzig (Salzatal), unten die nur durch die vergoldeten Zierelemente unterschiedlich gestaltete Orgel Op.60 in Zwebendorf. Die grundsätzliche Prospektanlage ist augenfällig vollkommen identisch.*
*Auch die Prospekte der Rühlmann-Orgeln in Alikendorf (Op.53), Cösitz (Op.65) folgen dem hier angewandten Schema.*

# Schwerz - St. Marien

▶**Schwerz, Rühlmann-Orgel**
Wilhelm Rühlmann senior
Op.69, 1885
Mechanische Schleiflade
12 Register

I Hauptwerk C - f'''
*Bordun 16'*
*Principal 8'*
*Hohlflöte 8'*
*Viola di Gamba 8'*
*Octave 4'*
*Gedackt 4'*
*Mixtur 3fach*

II Hinterwerk C - f'''
*Liebl. Gedackt 8'*
*Salicional 8'*
*Flauto amabile 4'*

Pedal C - d'
*Subbaß 16'*
*Principalbaß 8'*

Nebenzüge
*Manualkoppel*
*Pedalkoppel I/P*
*Kalkant*
*Vacat*

An der Windung der durch den Ort Schwerz verlaufenden Landstraße erhebt sich der überaus trutzige Westquerturm der Kirche St. Marien. Auch dieses Gotteshaus ist romanischen Ursprungs und war einst deutlich kleiner bemessen, wie die Aufmauerung des obersten Turmgeschosses mit seinen fünf frontal gelegenen Schallfenstern zeigt. 1665 wurde die Kirche nach Schäden des dreißigjährigen Krieges wieder hergestellt und 1729 zur heutigen Gestalt gebracht. Dies geschah durch den Anbau einer doppelgeschossigen Patronatsloge auf der Südseite und einer Vorhalle auf der Nordseite. Die heutige, qualitätvolle barocke Innenausstattung mit einer von biblischen Malereien in Medaillonform gezierten Holztonne und einem großen Kanzelaltar entstammt der Zeit um 1729. 1883 wurde das Bauwerk renoviert und der auf der nördlichen Seite des Dachfirstes befindliche Dachreiter mit Spitzhelm auf den Turm aufgesetzt. Noch um 1960 wurde die Kirche genutzt, denn es wurden zwei massive Eisenhartgussglocken für das Bauwerk gegossen. Bereits 20 Jahre später hatte die Nutzung stark abgenommen; heute wird die Kirche gar nicht mehr genutzt und ist nicht mehr zugänglich. Die Orgelempore ist auf der Südseite abgebaut und muss abgestützt werden; die Fassade der Patronatsloge ist verschwunden und wurde durch Stützbalken ersetzt. Die Zukunft des Bauwerkes, in dem seit über 10 Jahren keinerlei Veranstaltungen mehr stattfinden, ist ungewiss.

Die Orgelgeschichte der Schwerzer Marienkirche liegt in weiten Teilen im Dunkel der Geschichte. 1775 ist erstmals von einem Instrument die Rede, welches wohl um 1750 errichtet wurde.[138] Sein Erbauer ist nicht mehr zu ermitteln, auch die Größe ist unbekannt. Johann Friedrich Leberecht Zuberbier nahm 1795 eine umfassende Überholung vor, 1810 stimmte Johann Gottfried Kurtze (Halle) die Orgel und reparierte sie abermals.[139] Auch in Schwerz beschaffte die Gemeinde eine Rühlmann-Orgel. Sie stammt aus dem Jahr 1885, wurde als Op.69 in der Werkliste geführt und erhielt eine zur Orgel in →Zwebendorf identische Disposition mit 12 Registern auf zwei Manualen, Pedal und mechanischen Schleifladen.[140] Lediglich der Prospekt mit drei Flachfeldern und Halbrosetten unterscheidet sich von →Zwebendorf. Die Spieltische sind quasi identisch, der Prospekt gleicht der ebenfalls 1885 erbauten Orgel Op.72 in Alberstedt (Gemeinde Farnstädt). Dort beherbergt die zu Schwerz identische Schaufront allerdings 15 Register. Auch in Schwerz gibt es einen mit *Vacat* bezeichneten Symmetriezug. 1917 wurden auch in Schwerz die Prospektpfeifen aus Zinn abgegeben, aber nicht ersetzt. Die Prospektöffnungen wurden dann durch gelbliche Tücher verhängt. Seitdem fehlt der Orgel ihr Gesicht. Nach 1945 wurde die Orgel nicht mehr gepflegt, war aber um 1980 noch weitestgehend original erhalten. Damals wurde wegen des schlechten Zustandes der Kirche eine Umsetzung der Orgel erwogen, die jedoch am mangelnden Interesse für eine romantische Orgel scheiterte.[141]

Nach der Jahrtausendwende fielen weite Teile des Orgelinneren Vandalismus zum Opfer: Abstrakten sind zerbrochen, das Einsatzbrett des Spieltisches fehlt, weite Teile des Metallpfeifenwerkes wurden gestohlen und die vorhandenen Pfeifen beschädigt. Das Instrument ist heute in bedenklichem Zustand, der allerdings in Angesicht der Tatsache, dass die Kirche nicht genutzt wird, nicht verwunderlich ist.

Im Inneren des Instrumentes findet sich ein zur Alberstedter Orgel identischer Aufbau: Die Manualwerke stehen auf einer durchschobenen, diatonischen Windlade hinter dem Prospekt, während das Pedal auf einer chromatischen Schleiflade ebenerdig hinter dem Stimmgang aufgestellt wurde. Hinsichtlich der Trakturen stellt die Orgel Op.69 eine interessante

---

[138] Vgl. Stüven, S. 203

[139] Vgl. Stüven, ebd.

[140] Diese Tatsache unterstreicht den durch die Orgelreform proklamierten Vorwurf des schematischen „Fabrikorgelbaus", dem sich unter anderem Rühlmanns Lehrmeister Friedrich Ladegast zu erwehren hatte.

[141] Mitteilung M. Rost, 2024

Mischform dar: Das Pedal besitzt bereits eine wellenbrettlose Strahlentraktur, während das Hauptwerk über ein klassisches Wellenbrett angesteuert wird. Das zweite Manual besitzt dagegen einen liegenden Wellenrahmen mit Metallwinkeln. Die Balganlage befindet sich im Turmraum.

Eine kurze Zustandsbeschreibung des Instrumentes sei an dieser Stelle angefügt: Der Prospekt ist in recht gutem Zustand erhalten, Wurmbefall war bei Besichtigung nicht festzustellen. Der Spieltisch ist in verhältnismäßig gutem Zustand: Alle Tastenbeläge sind vorhanden und ebenso wie die Klaviaturen unbeschädigt, Gleiches gilt für die Manubrien. Das Einsatzbrett für das Notenpult fehlt, die Pedalklaviatur zeigt starken Wurmbefall. Die Abstrakten sind großteils zerbrochen und auch die Registertraktur ist beschädigt. Das Holzpfeifenwerk zeigt teilweise starken Wurmbefall, einige Spunde der gedeckten Register sind verschwunden. Das Metallpfeifenwerk ist nur zu circa 50% vorhanden, einige Metallpfeifen sind zerdrückt, verbeult und liegen in der Orgel umher. Der Windkanal zum Balg im Turmraum ist abgetrennt. Eine Rettung erscheint unwahrscheinlich.

*Rechts: Prospekt der Rühlmann-Orgel Op. 72 in Alberstedt (Gemeinde Farnstädt) bei Querfurt. Diese Orgel greift auf den Prospektentwurf von Schwerz zurück und entstand ebenfalls 1885. Die Disposition ist im Vergleich zu Schwerz um drei Register erweitert. Auch die Orgel in Alberstedt ist nicht spielbar.*

# Schwerz-Dammendorf - ehemalige Dorfkirche

*Links: Dorfkirche Dammendorf, Blick zum Turm. Rechts, dort der Baum über der segmentbogigen Tür wächst, befand sich die Fassade der Loge. Die Orgel stand im Westen der Kirche.*

Auch das im Zentrum des einst slawischen Rundlingsdorfes Dammendorf liegende Gotteshaus entstand im 12. Jahrhundert. Aus dieser Zeit stammen die Fundamente des Turmes und vermutlich auch die massive Altarplatte mit Weihekreuzen. Im 15. Jahrhundert erfolgte eine Erweiterung des Bauwerkes, welches im dreißigjährigen Krieg schwer beschädigt wurde. Diese Schäden wurden 1680 behoben. 1743 - 1745 erfolgte ein tiefgreifender Umbau im barocken Stil, bei dem auf der Nordseite eine zweigeschossige Loge angefügt und der Kirchenraum als einschiffiger Saalbau mit Segmentbogenfenstern umgestaltet wurde. Die markante, oktogonale Glockenstube wurde ebenfalls 1745 vollendet. In den 1970er Jahren wurde die Kirche aufgrund schwerwiegender baulicher Schäden aufgegeben. Später wurde nicht nur die gesamte Innenausstattung entfernt, sondern auch das Dach abgedeckt und entfernt. 1990 wurde der Turm neu eingedeckt und das Mauerwerk restauriert. Im Inneren des ehemaligen Kirchenraumes befinden sich ein bemerkenswertes spätgotisches Sakramentshäuschen, ein massiver Steinaltar mit steinerner Altarmensa samt Weihekreuzen und einige historische Bodenplatten.

Die Orgelgeschichte des nahe Schwerz gelegenen Ortes und seines heute nur noch als dachlose Ruine erhaltenen Gotteshauses beginnt 1747. In diesem Jahr wurde das vermutlich erste Orgelwerk angeschafft, dessen Provenienz nicht mehr zu ermitteln ist. Bereits zu Beginn des 18. Jahrhunderts trug man sich wohl mit dem Gedanken zu einer Orgelanschaffung, denn man legte Wert darauf, dass der örtliche Substitut Jehnicke des Orgelspielens mächtig sei.[142] 1750 berichtet man, dass die Orgel „vor drei Jahren" angeschafft worden wäre[143] - sie wird also vermutlich 1746 oder 1747 erbaut worden sein. Mehrere Jahre liegt die Orgelgeschichte nun im Dunkeln. Erst 1855 sind wieder Nachrichten anlässlich der großen Kirchenrenovierung erhalten. In diesem Jahr errichtete der in Eilenburg ansässige Orgelbauer Nicolaus Schrickel ein neues Instrument mit zwei Manualen und Pedal auf einer neu geschaffenen, großen Orgelempore.[144] Diese Orgel wird als Flickwerk beschrieben, das Hauptwerk soll anderer Herkunft als das Oberwerk gewesen sein.[145] Schon bei Drucklegung seines umfassendes Buches 1963 beschreibt Wilfried Stüven das Werk als „heute nur noch eine Ruine".[146]
Ein Foto des Instrumentes war bislang leider weder in den kirchlichen Archiven, noch im Archiv des Landesdenkmalschutzes in Halle (Saale) zu finden. Auch der Verbleib des Instrumentes ist nicht mehr zu ermitteln.
Der Autor setzt die Forschungen in dieser Hinsicht weiter fort.

---

[142] Stüven, S. 160

[143] Vgl. Stüven, ebd.

[144] Stüven, ebd..

[145] Stüven, ebd.

[146] Stüven, end.

# Sietzsch - Dorfkirche

**Sietzsch, Rühlmann-Orgel**
Wilhelm Rühlmann senior
Op.357, 1912
Pneumatische Kegellade
10 Register

I Hauptwerk C - f'''
*Bordun 16' (ab G)*
*Principal 8'*
*Hohlflöte 8'*
*Oktave 4'*
*Mixtur 3fach*

II Hinterwerk C - f'''
*Liebl. Gedackt 8'*
*Salicional 8'*
*Flûte harmonique 4'*

Pedal C - d'
*Subbass 16'*
*Principalbass 8'*

Nebenzüge
*Manualkoppel*
*Pedalkoppeln I/P, II/P*
*Oktavkoppel II/I*
*Volles Werk*

Die zentral im Ort gelegene Dorfkirche in Sietzsch, deren Patrozinium heute nicht mehr zu ermitteln ist, steht auf einem malerisch mit Bäumen umstellten alten Kirchhof. Bereits im 12. Jahrhundert wurde der romanische Kern der Kirche - ein Saalbau mit Westquerturm, wie er etwa in Spickendorf, Schwerz, Hohenthurm oder Zwebendorf zu sehen ist - errichtet. 1492 wurde die Kirche durch den Anbau einer Sakristei sowie eines dreiseitigen Chorabschlusses im Osten deutlich vergrößert. In dieser Zeit entstanden auch einige der heute noch sichtbaren, spätgotischen Malereien an den Wänden. Die heutige, reiche und für eine Dorfkirche überaus prachtvolle Barockausstattung mit schlichtem stuckiertem Deckenspiegel entstammt den Jahren 1719 - 1723. Sie beinhaltete unter Anderem die Fertigung des großen Kanzelaltares mit seiner reichen Figurenzier, der reich mit Spruchtafeln verzierten Logen und der Empore mit ihren bemalten Rechteckfeldern. Die heutige Sandsteintaufe mit dem reich geschnitzten, figürlichen Holzaufsatz entstand 1723. Nachdem 1868 an der Nordseite eine Eingangshalle angebaut wurde, erfuhr die Kirche 1964 eine umfassende Sanierung, bei der gotische Malereien an den Wänden freigelegt und sichtbar gemacht wurden. Bereits 20 Jahre später wurden Kirche und Friedhof gesperrt - das Mauerwerk des Westquerturmes wies große Risse auf, die ein Jahr später zur Katastrophe führten: Am 11. Februar des Jahres 1987 gefror eindringendes Wasser in den Rissen, drückte das Mauerwerk auseinander und führte zum Einsturz der südlichen Turmwand.[147] Der Turm wurde am 27. Februar gesprengt und dabei die Eingangshalle von 1868 zerstört. 1988 begann die Sanierung der Kirche, welche 2015 vorerst abgeschlossen werden konnte. Das Fundament des einstigen Westquerturmes wurde ausgemauert und ein Glockenstuhl darauf errichtet, der 1990 eingeweiht wurde.

Die Orgelgeschichte der Dorfkirche in Sietzsch beginnt vermutlich im Jahr 1763 mit einem Instrument von Johann Christoph Zuberbier. Dieses 12 Register auf einem Manual umfassende Instrument besaß unter anderem die Register Trompete 8', Quinte 3' und Flöte 1'[148] und entstand unter Mitwirkung von Andreas Ludwig Zuberbier. Ein Jahr nach Erbauung der Orgel erhielt der Prospekt eine neue (? - vermutlich seine erste) Farbfassung.[149] Ab 1775 pflegte Andreas Ludwig Zuberbier das Instrument. Später (ab 1791) lag diese Aufgabe vertrauensvoll in den Händen von Orgelbauer Gottlob Rohmer aus Düben. Johann Gottfried Kurtze, der allseits bekannte Hallenser Orgelbauer und Organist, führte 1817 eine umfassende Reparatur durch, der 1830 eine Begutachtung durch Johann Carl Friedrich Lochmann aus Delitzsch folgte.[150] Jener bezeichnete die Zuberbier-Orgel als „leicht gebaut". Interessanterweise war es dann nicht der begutachtende Lochmann, sondern Friedrich Wilhelm Wäldner aus Halle, dem man die 1830 auszuführende Orgelreparatur übertrug. Weitere 82 Jahre sollte die Zuberbier-Orgel nun der Gemeinde noch dienen, bevor sie 1912 für 80 Mark an Orgelbauer Wilhelm Rühlmann senior verkauft wurde, der noch im selben Jahr eine neue Orgel vollendete.[151] Jenes nun mit pneumatischen Kegelladen ausgestattete Instrument, dessen schlichter neoromanischer, mit drei rundbogigen Flachfeldern und bekrönendem Vierpass versehener Prospekt sich in der barocken Kirche etwas merkwürdig ausnimmt, stellt das 357. Werk der Zörbiger Firma dar und besitzt 10 klingende Stimmen auf zwei Manualen und Pedal. Die zinnernen Prospektpfeifen wurden

---

[147] Eine Ansicht dieses Bildes ist auf dem Umschlag des Heftes abgebildet, ebenso wie der heutige Zustand der Kirche. Mitglieder der Ortsgemeinde hatten damals glücklicherweise die drohende Gefahr erkannt und die beiden bedeutenden Glocken aus dem 14. Jahrhundert in Stroh eingepackt, sodass sie keinerlei Schaden nahmen.

[148] Vgl. Stüven, S. 204

[149] Die Farbfassung war eine Stiftung des in Sietzsch geborenen „Ammts Schößer" Johann August Schröter aus Ostrau, der die Malereien stiftete, um der Orgel „bey ihrem innern schönen Klang" auch ein gutes Äußeres zu geben. (Vgl. Stüven, S. 204)

[150] Vgl. Stüven, ebd.

[151] Vgl. Stüven, ebd.

1917 im Rahmen der Metallkonfikation des Heeres eingezogen und in den 1920er Jahren durch Zinkpfeifen ersetzt. 1964 erfolgte eine durch Reinhard Adam (Halle) ausgeführte Reparatur, bei der die Disposition einschneidend im Sinne des „Neobarock" verändert wurde. Fast alle rühlmannschen Grundstimmen - so auch der im Klanggefüge so wichtige Principal 8' im Hauptwerk - fielen weg und wurden durch hochliegende Stimmen ersetzt. So wich etwa im zweiten Manual das Salicional 8' einer Sifflöte 1', welche durch das Fehlen der 2'-Lage im zweiten Manual keine Anbindung an die anderen beiden Stimmen hat. Principal 8' im Hauptwerk wurde durch Oktave 2' ersetzt[152], die Mixtur auf 1 1/3'-Basis umgestellt. Bemerkenswert ist das Beibehalten des Bordun 16' im ersten Manual, der erst ab G beginnt. In dieser Gestalt ist die Orgel noch heute erhalten; eine 2005/2006 durchgeführte Sanierung mit Reparatur des Balges und farblichen Retuschen am Gehäuse erhielt die barockisierte Disposition. Der kompakte birgt in seinem Inneren zwei hintereinander stehende, chromatische Kegelladen für die Manuale und eine hinter dem Stimmgang positionierte, ebenfalls chromatische Kegellade für das Pedal. Klanglich ist das erste Manual mit Prinzipalchor und Mixtur klar das führende Werk, wenngleich es durch die Entfernung des Principal 8' deutlich an Fülle verloren hat. Das zweite Manual darf wohl als Ergänzung zum Hauptwerk betrachtet werden. Die beiden noch vorhandenen Grundstimmen eignen sich aber auch hervorragend zum Begleiten. Das Pedal nimmt die Grund- und Stützfunktion wahr. Der Zustand der Orgel ist überaus gut und gepflegt. Auch im veränderten Gewand füllt sie den Raum ausreichend.

▶**Rühlmann-Orgel (2024)**
Wilhelm Rühlmann senior
Op.357, 1912/ R. Adam, 1964
Pneumatische Kegellade
10 Register

I Hauptwerk C - f'''
*Bordun 16' (ab G)*
*Hohlflöte 8'*
*Oktave 4'*
*Oktave 2' (N)*
*Mixtur 3fach*

II Hinterwerk C - f'''
*Liebl. Gedackt 8'*
*Flûte harmonique 4'*
*Sifflöte 1' (N)*

Pedal C - d'
*Subbass 16'*
*Principalbass 8'*

Nebenzüge
*Manualkoppel*
*Pedalkoppeln I/P, II/P*
*Oktavkoppel II/I*
*Volles Werk*

*(N) - Neues Register*

---

[152] Eine Umbenennung des Registerschildes erfolgte hingegen nicht, noch heute ist hier „Principal 8'" zu lesen.

*Rechts: Die Dorfkirche Sietzsch in ihrem ursprünglichen Erscheinungsbild mit Westquerturm, der auf diesem Bild bereits durch den Schaden 1987 schwer geschädigt ist.*

# Spickendorf - St. Nicolai

▶**Spickendorf, Rühlmann-Orgel**
Wilhelm Rühlmann junior
Op.435, 1929
Pneumatische Kegellade
9 Register

I Hauptwerk C - g'''
*Principal 8'*
*Flauto traverso 8'*
*Octave 4'*
*Rauschquinte 2 2/3'+2'*

II Hinterwerk C - g'''
*Hohlflöte 8'*
*Quintadena 8'*
*Aeoline 8' ***
*Flûte harmonique 4'*

Pedal C - d'
*Subbass 16'*

*Register nur teilweise
vorhanden*

Nebenzüge
*Manualkoppel*
*Pedalkoppeln I/P, II/P*
*Superkoppel II/I*
*Subkoppel II/I*
*Kalkant*
*Auslöser*
*Volles Werk*

Die dem Hl. Nicolaus geweihte Dorfkirche in Spickendorf liegt östlich des von Bäumen umwachsenen Dorfteiches auf dem malerischen Kirchhof. Ihr mächtiger Westquerturm und die Grundfesten des Kirchenschiffes entstanden ab 1262. Das Patrozinium der Kirche deutet auf eine Gründung flämischer Siedler im 11. oder 12. Jahrhundert hin. Nach einem Umbau 1606 wurde das Bauwerk 1728 und 1729 im barocken Stil umgestaltet, wie eine Inschrift an der Empore belegt. Dabei entstand nicht nur der reich mit Vorhangschnitzwerk versehene Kanzelaltar, sondern auch die schlichte Pfarrloge und die Empore. Die beiden Buntglasfenster an der Ostseite wurden 1928 geschaffen. Um 2000 wurde die kleine Kirche liebevoll saniert. Sie zeigt noch heute den um eine nördliche Vorhalle erweiterten Typus der romanischen Dorfkirche mit Westquerturm, rechteckigem Kirchenschiff und Segmentbogenfenstern. Bemerkenswert ist neben dem Kanzelaltar der große romanische Taufstein und das fein gestaltete, mit Christuskopf und Filialenzier versehene gotische Sakramentshäuschen hinter dem Altar.

*Sakramentshäuschen in
Spickendorf*

Der kleine Kirchenraum erhielt 1728 ein verhältnismäßig großes Instrument aus der Werkstatt von Heinrich Tiensch (Löbejün)[153] - diese einmanualige Orgel umfasste acht Register auf einem Manual und wies scheinbar kein Pedalwerk auf: 1752/53 wurde nämlich durch einen namentlich unbekannten Orgelbauer ein „neues Pedal" eingebaut[154], welches vier eigene Register besaß. Vermutlich hatte die Orgel nun also 12 Stimmen. Sie wurde 1869 abgebrochen[155] und ihre Teile an Wilhelm Rühlmann senior aus Zörbig verkauft, der den Auftrag zum Bau eines neuen Instrumentes erhielt. Dieses wurde 1870 als Opus 11 der Werkstatt vollendet und verfügte über acht Register auf einem Manual und Pedal mit mechanischen Schleifladen. 1917 wurden die Prospektpfeifen aus Zinn zu Rüstungszwecken eingezogen; die klangliche Lücke wurde in den 1920er Jahren durch Zinkpfeifen der Erbauerfirma geschlossen. Bemerkenswert sind die Arbeiten, die im Jahr 1929 in Angriff genommen wurden: Wilhelm Rühlmann junior, nunmehr Inhaber der Firma, erweiterte das bislang einmanualige Instrument unter Beibehaltung des Prospektes auf zwei Manuale und Pedal sowie neun klingende Stimmen. Er führte zudem einen technischen Umbau auf pneumatische Trakturen nebst Kegelladen durch. Am neuen Spieltisch, der nun mit Registerwippen ausgestattet ist, wurde das Instrument gemäß Firmenschild als Op.435 in der Werkliste geführt. Rühlmann junior übernahm weite Teile des Pfeifenmateriales, wie etwa aus den Beschriftungen des Subbass 16' hervorgeht.[156] Untypisch für Rühlmann ist der Verzicht auf eine gedeckte Flötenstimme, stattdessen erhielt das Instrument zwei offene Flöten. Die kräftigere Hohlflöte wurde dem zweiten Manual beigegeben, ebenso die solistisch einzusetzende Quintadena. Nach 1970 verschlechterte sich der Zustand des kleinen Werkes, weite Teile der 1929 ergänzten Aeoline 8' gingen verloren: Nur die neun größten Zinkpfeifen dieses Registers blieben erhalten, dazu fünf kleine Zinnpfeifen auf einer später noch zu erwähnenden,

---

[153] Vgl. Stüven, S. 205. Vermutlich entstand der heute noch sichtbare Turmbogen anlässlich der Orgelaufstellung, denn Stüven zitiert den Anspänner Johann Mertzsch aus Spickendorf, der wiederum schreibt: „Was aber an langet den Bau für die Kirchen so ist der Thurm ausgebrochen und hoch gewölbt worden [!] und 2 neue Böden in den thurm gebauet  dahin daß Werk der Orgel gesetzet war." (Zitiert nach Stüven, ebd.)

[154] Vgl. Stüven, ebd.

[155] Vgl. Stüven, ebd.

[156] Diese Pfeifen sind handschriftlich mit dem Registernamen in Sütterlin beschriftet. Ab circa 1915 wurde in der Zörbiger Werkstatt zur Druckschrift auf den Pfeifen übergegangen. Dies deutet auf die Weiterverwendung des vorhandenen Pfeifenwerkes hin.

abkonduktierten Sonderlade.[157] Dass engagierte Ortsgemeinden großes handwerkliches Potential entfalten können, wurde 2010 deutlich: Unter Anleitung von Orgelbaumeister Johannes Hüfken (Halberstadt) wurde das Instrument durch Mitglieder der Ortsgemeinde instand gesetzt.[158] Die Aeoline 8' wurde nicht rekonstruiert und fehlt nach wie vor. Der Zustand des regelmäßig genutzten Instrumentes ist gut, einige Teile der Traktur bedürfen einer Erneuerung, da beispielsweise die Oktavkoppeln zu Heulern im zweiten Manual führen.

Der schlichte neoromanische Prospekt mit drei Flachfeldern besitzt nur im Mittelfeld klingende Pfeifen. Das Pfeifenwerk steht durch die geringe Deckenhöhe quasi auf dem Emporenboden auf chromatischen Kegelladen. Zwischen dem vorne stehenden ersten und dem zweiten Manual befindet sich ein Stimmgang. Hinter der Pedalwindlade steht der Doppelfaltenmagazinbalg, der durch ein im Turmgeschoss oberhalb der Orgel befindliches Gebläse versorgt wird. Zu bemerken ist, dass - ungewöhnlich für eine Orgel auf dem Lande - das Pfeifenwerk im zweiten Manual bis g'''' ausgebaut und somit die Superkoppel II/I vollständig vorhanden ist. Die dafür nötigen Pfeifen stehen auf einer separaten, erhöht stehenden kleinen Windlade, die aus der Hauptlade abkonduktiert ist. Die Disposition zeigt eine Orgel am Übergang zur Orgelbewegung - eine Quintadena 8' trägt wie auch in →Oppin diesem Einfluss Rechnung, während Aeoline 8' eindeutig in die ausklingende Romantik weist. Auch in der Spickendorfer Orgel dominiert noch die 8'-Lage. Ein Charakteristikum der Firma ist die ab c° überblasende und mit doppelter Länge gebaute *Flûte harmonique* 4' im zweiten Manual. Im ersten Manual finden wir die bereits aus →Eismannsdorf bekannte Rauschquinte als dezenten Mixtur-Ersatz, um den Klang füllig, aber nicht zu aufdringlich werden zu lassen. Trotz des massiven Mauerbogens vor der Orgel ist der Klang für den kleinen Raum fast zu kraftvoll.

---

[157] Feststellung J. Richter bei Besichtigung vor Ort, 2018 - 2022

[158] Freundl. Mitteilung PA Landsberg 2019

*Rechts:*
*Abkonduktierte*
*Windlade mit den*
*obersten Tönen der*
*Superkoppel im*
*zweiten Manual an*
*der rechten*
*Gehäuseseite. Im*
*Hintergrund ist das*
*Pfeifenwerk des*
*zweiten Manuales,*
*dahinter der*
*Subbass 16' zu*
*sehen.*

# Tabellarische Übersicht

| Ort/Standort | Erbauer/Baujahr | System/Größe | Zustand |
| --- | --- | --- | --- |
| Braschwitz, St. Nikolaus | F. W. Rühlmann 1852 | Schleiflade/mech., I/P/9 | restauriert, spielbar |
| Braschwitz-**Plößnitz**, St. Katharina | W. Rühlmann sen. 1880 | Schleiflade/mech., I/P/6 | restauriert, spielbar |
| Hohenthurm, Martin-Luther-Kirche | A. F. Wäldner 1877 | Schleiflade/mech., II/P/14 (10) | In Restauration, HW+Ped. spielbar |
| Landsberg, St. Nikolai | A. F. Wäldner 1881 | Schleiflade/mech., II/P/13 | restauriert, spielbar |
| Landsberg-**Gollma**, Dorfkirche | A. F. Wäldner 1865 | Schleiflade/mech., II/P/24 | restauriert, spielbar |
| *Landsberg-**Gütz**, St. Anna und St. Katharina* | *J. G. Mauer/G. Göttlich 1779 - 1781* | *Schleiflade/mech., II/P/15* | *Nicht erhalten, um 1970 zerstört und um 2000 endgültig entfernt* |
| Niemberg, St. Ursula | A. F. Wäldner 1865 | Schleiflade/mech., II/P/16 | Verändert erhalten, spielbar |
| Niemberg-**Eismannsdorf**, St. Simonis et Judae | W. Rühlmann sen. 1913 | Kegellade/pneum., II/P/8 | Erhalten, nicht spielbar |
| Oppin, St. Georg und St. Elisabeth | W. Rühlmann jun. 1929 | Kegellade/pneum., II/P/15+2Tr. | Erhalten, bedingt spielbar |
| Oppin-**Untermaschwitz**, St. Nikolai | W. Rühlmann sen. 1890 | Schleiflade/mech., II/P/10 | restauriert, spielbar |
| Queis-**Klepzig**, St. Marien | W. Rühlmann sen. 1913 | Kegellade/pneum., II/P/30+1Tr. | Nur Teile erhalten, nicht spielbar |
| Reußen-**Zwebendorf**, Dorfkirche | W. Rühlmann sen. 1884 | Schleiflade/mech., II/P/12 | Erhalten, spielbar |
| Schwerz, St. Marien | W. Rühlmann sen. 1885 | Schleiflade/mech., II/P/12 | Grundsätzlich erhalten, nicht spielbar |
| *Schwerz-**Dammendorf**, ehem. Dorfkirche* | *N. Schrickel 1855* | *Schleiflade/mech., II/P/?* | *Nicht erhalten, um 1970 entfernt* |
| Sietzsch, Dorfkirche | W. Rühlmann sen. 1912 | Kegellade/pneum., II/P/10 | Verändert erhalten, spielbar |
| Spickendorf, St. Nikolai | W. Rühlmann jun. 1929 | Kegellade/pneum., II/P/9 (8) | Spielbar, ein Register fehlend |

*Kursiv* gedruckte Instrumente sind nicht mehr vorhanden.

# Kartografische Übersicht

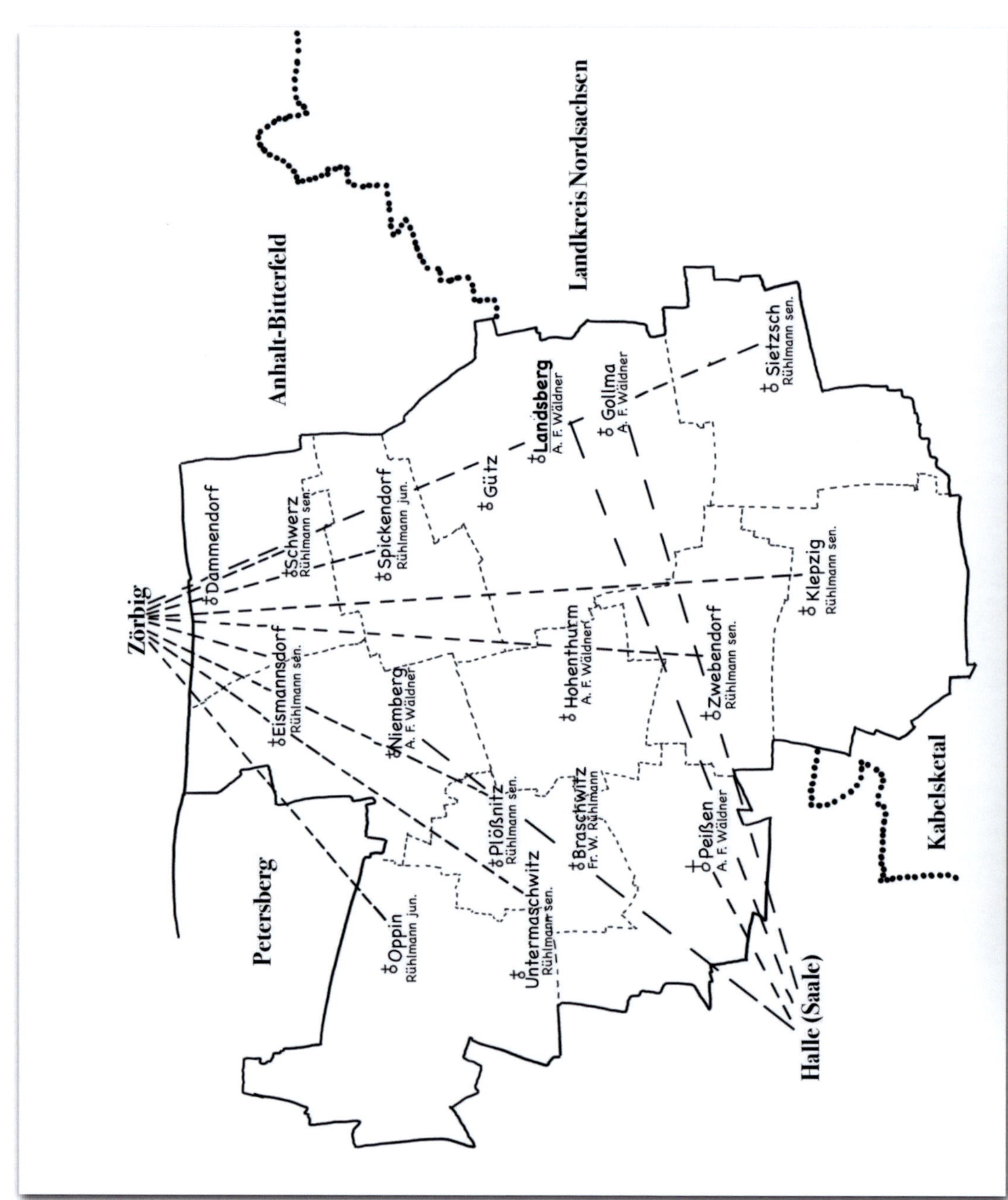

# Literaturverzeichnis


Falkenberg, Hans-Joachim — Zwischen Romantik und Orgelbewegung - Die Rühlmanns. Ein Beitrag zur Geschichte mitteldeutscher Orgelbaukunst 1842 - 1940. Orgelbau-Fachverlag Rensch, Lauffen 1995

Hackel, Wolfram/Pape, Uwe — Lexikon norddeutscher Orgelbauer Band 3 - Sachsen-Anhalt und Umgebung. Pape-Verlag Berlin, 2015

Kunert, Daniel — Orgel-Information - Das Portal der Königin - Orgeln (URL: https://www.orgel-information.de/Orgeln/index.html, Abrufe Dezember 2024 / Januar 2025)

Landesdenkmalamt Halle (Saale) — Zusendungen aus Bildarchiv des LDA via E-Mail, 8. Januar 2025

Müller, Matthias — „14.09. Braschwitz" in: rühlmannorgel.de - Festival 2024. URL: https://www.xn--rhlmannorgel-dlb.de/14.09.-braschwitz.html, abgerufen am 28. April 2025

o.V./Stadt Landsberg — Stadt Landsberg - Ortschaften (URL: https://www.stadt-landsberg.de, Abrufe Dezember 2024 / Januar 2025)

o.V./PA Hohenthurm: — Orgelsanierung - Hurra unsere Orgel klingt wieder (URL: http://www.pfarramt-hohenthurm-54126 orgelsanierung/210-hurra-unsere-orgel-klingt-wieder.html, abgerufen am 24. Dezember 2024)

Pfarramt Hohenthurm — Mitteilungen zu den Orgeln im Pfarrbereich Hohenthurm 2017 - 2023

Pfarramt Landsberg — Mitteilungen zu den Orgeln im Pfarrbereich Landsberg 2017 - 2024

Richter, Johannes — Persönliches Archiv und Aufzeichnungen sowie Fotodokumentation vor Ort, 2017 - 2024

Stüven, Wilfried — Orgel und Orgelbauer im Halleschen Land vor 1800. Breitkopf&Härtel Verlag, Wiesbaden 1964

Ulrich, Daniel — Mitteilungen zu den Orgeln im Bereich Landsberg aus Privatarchiv, Dezember 2024 / Januar 2025

Wünsche, Michael — Die Orgelbauerfamilie Wäldner - Leben und Werk - Instrumente (URL: https://waeldner-orgel.de/index.php/instrumentenauswahl, Abrufe Dezember 2024 / Januar 2025)

## Impressum

Bibliografische Information der Deutschen Nationalbibliothek: Die Deutsche Nationalbibliothek
verzeichnet diese Publikation in der Deutschen Nationalbibliografie;
detaillierte bibliografische Daten sind im Internet über http://dnb.dnb.de abrufbar.

Die automatisierte Analyse des Werkes, um daraus Informationen insbesondere über Muster,
Trends und Korrelationen gemäß §44b UrhG („Text und Data Mining") zu gewinnen,
ist untersagt.

© 2025 Mitteldeutsche Orgelforschung

Weitere Mitwirkende: Pfarramt Hohenthurm, Pfarramt Landsberg
Verlag: BoD · Books on Demand GmbH, Überseering 33, 22297 Hamburg, bod@bod.de
Druck: Libri Plureos GmbH, Friedensallee 273, 22763 Hamburg

ISBN: 978-3-7597-6039-5